Jürg Frick

Das Ende einer Illusion

Denkanstöße zu Ethik und Pädagogik der Bibel

Angelika Lenz Verlag

Die Deutsche Bibliothek - CIP-Einheitsaufnahme:

Frick, Jürg:
Das Ende einer Illusion :
Denkanstöße zu Ethik und Pädagogik der Bibel /
Jürg Frick. - Orig.-Ausg. - Neustadt am Rübenberge :
Lenz, 1999
ISBN 3-933037-09-3

Besuchen Sie uns im Internet:

http://www.lenz-verlag.de

Originalausgabe
© 1999 by Angelika Lenz Verlag
Fasanenweg 8, 31535 Neustadt am Rübenberge
Druck: DruckTeam, Hannover
Printed in Germany
ISBN 3-933037-09-3

Inhalt

Vorwort

„Radikale", das heisst im Wortsinn an die Wurzeln gehende kritische Auseinandersetzung mit biblisch-christlicher Religiosität, ist, nicht nur im deutschen Kulturraum, immer noch ein eher seltenes Phänomen, ist immer noch eher ein „Feuer in der Nacht" der dominierenden inkonsequenten „progressiven" Rettungsversuche biblisch-christlicher Religiosität, der vielen aus Angst auf halbem Wege Stehendenbleibenden und der nicht wenigen Journalisten und Meinungsmacher, die aus eigener Unkenntnis oder im sicheren Wissen, auf welcher Seite die Medienmacht steht, nicht mit den Wölfen heulen, sondern eher mit den Schafen blöken. Wirklich radikale, d. h. an die Wurzel gehende und konsequentente Christentumskritik stößt immer noch auf eine ungeheure Medien- und vielfach institutionalisierte Gegenmacht, die sich, nicht immer mit fairen Mitteln, gegen sie wendet. Ich habe dies nach der erstmaligen Veröffentlichung meines ebenfalls radikal bibel- und christentumskritischen Buches „Denn sie wissen nicht, was sie glauben", selbst erfahren.

Umso mehr gratuliere ich Jürg Frick zu seinem Mut, ein ebenfalls im besten Sinne „radikales" Buch zu schreiben, das nicht bei den institutionellen Einkleidungen und historisch gewordenen Verkrustungen biblisch-christlicher Religiosität stehen bleibt, sondern ebenfalls die biblischen Grundlagen selbst einer kritischen Analyse unterzieht; denn die gegenwärtige weltanschauliche und religiöse Orientierungskrise kann nur durch eine mutige, völlig ergebnisoffene und tabufreie Grundlagendiskussion angegangen und fruchtbar verarbeitet werden. In diesem Sinne wünsche ich dem vorliegenden Buch eine möglichst weite Verbreitung und Resonanz.

Freiburg i. Br., Januar 1999

Franz Buggle

1. Einleitung:
Wohin? Zurück?
Was ist Fundamentalismus?
Einige Fragen

„Die Kritik der Religion ist die Voraussetzung aller Kritik."[1]
Karl Marx (1818-1883)

Leider sind in den letzten Jahren viele Errungenschaften der Aufklärung und unzählige positive Auswirkungen von Sozial- und Naturwissenschaften, Medizin und Technik sowie erfreuliche historische Entwicklungen vielen Menschen aus dem Blickfeld geraten: Große Wahlfreiheiten bezüglich Lebensentwürfen, Weltanschauungen oder Freizeitmöglichkeiten, Religionsfreiheit, enorme Erleichterungen durch Technik in Haushalt und Arbeitswelt, fantastische Erfolge der Medizin bezüglich Vorbeugung (z.B. Impfungen) und Behandlung (z.B. Operationen) von früher unbesiegbaren Krankheiten, eine klare Entwicklung in Richtung Gleichberechtigung der Geschlechter, mehr Bildungsangebote, die Verminderung der atomaren Bedrohung, die Thematisierung und Aufarbeitung bisher tabuisierter und unterdrückter Probleme (sexuelle Misshandlung von Kindern und Frauen, der Holocaust und sein Umfeld, Umweltprobleme usw.), eine humanere Sichtweise von Kindheit und Erziehung (Beispiel Prügelstrafe) und damit verbunden wichtige Erziehungs- und Schulreformen, eine Humanisierung des Strafvollzuges und vieles andere mehr. Trotzdem fühlen sich viele Menschen in der westlichen Welt verunsichert: Ungewisse Folgen der Globalisierung, die Arbeitslosigkeit, Angst vor der Zukunft, Jugend- und Erwachsenenkriminalität, Fremdenfeindlichkeit und Rassismus,

Vereinsamung, zunehmende Scheidungsraten, Umwelt- und Naturkatastrophen, Kriege, oder die immer noch anhaltende Verelendung von Teilkontinenten lösen Unbehagen, Wut, Verzweiflung und eben vor allem Unsicherheit aus. Der Optimismus der 68er Jahre, der Glaube an eine bessere, gerechtere und humanere Zukunft ist leider zu vielen abhanden gekommen. Resignation, Rückzug ins Private oder die Rückkehr zu religiösen, neureligiösen und esoterischen Gruppen, Glaubensmustern und Texten sind einige beobachtbare - und meines Erachtens unerfreuliche - Reaktionen. Viele Menschen sehen im Verlust der religiösen Bindungen, im „Glaubensverlust", eine wichtige oder gar die Ursache für die heutigen ungelösten Probleme und Übel. Auch die katholische Kirche vertritt diese Meinung und hat den langen Marsch der Re-Evangelisierung durch verlorene Einflussgebiete längstens begonnen - die Reisefreudigkeit von Papst Johannes Paul II. ist nur ein Beispiel. Also zurück zur Religion? Ich hoffe nicht. Warum?

Ich möchte in diesem Buch zeigen, wie problematisch Grundstrukturen religiöser (genauer christlicher) Denkmuster letztlich sind und dies vor allem am Beispiel biblischer Texte nachweisen. Die biblisch-christliche Religion geht meines Erachtens jeden Menschen etwas an, denn wir sind alle durch die jahrhundertealte religiöse Tradition und Anschauung geprägt - ob bewusst oder unbewusst. Viele Gefühle von gut und böse, Sündenbock-Mechanismen oder die Idee und Praxis des Ausschlusses Andersgläubiger oder Andersdenkender sind u.a. Ausflüsse der christlich-abendländischen Kultur und Erziehung. Die Beschäftigung mit der Bibel kann uns zeigen, wie stark diese Nachwirkungen sind und wie vielen Menschen friedlichere Formen der Auseinandersetzung mit anderen Meinungen fehlen. Religiöse Einflüsse finden sich natürlich auch in der Einstellung zur Frau und zur Sexualität: Die Geringschätzung der Frauen oder die mehrheitlich lust- und sexualfeindliche Haltung sind weitere Folgen christlicher Geschichte. Auch der übertriebene Selbstzweifel oder die Geringschätzung von Denken und Vernunft -das zweite heute leider wieder in Mode - oder fragwürdige Haltungen von Gehorsam und Demut haben christliche Wurzeln. Und es ist schließlich kein Zufall, dass ursprünglich christlich geprägte Menschen den Versuchungen neuer irrationaler und esoterischer Angebote besonders leicht erliegen, finden sich doch da wie dort teilweise ähnliche Glaubensmuster.

Religion, besonders die christliche, läuft permanent Gefahr, fundamentalistisch zu sein. Der Soziologe Thomas Meyer definiert Fundamentalismus wie folgt: *„Fundamentalismus ist eine willkürliche Abschliessungsbewegung, die als immanente Gegentendenz zum modernen Prozess der generellen Öffnung des Denkens, des Handelns, der Lebensformen und des Gemeinwesens absolute Gewissheit, festen Halt, verlässliche Geborgenheit und unbezweifelbare Orientierung durch irrationale Verdammung aller Alternativen zurückbringen soll."[2]* Es geht also letzlich nicht allein um einen bestimmten Inhalt grundlegender Anschauungen, was für den Fundamentalismus charakteristisch ist, sondern vielmehr um die Frage der Handhabung bestimmter Erkenntnisansprüche, die jedem Zweifel und jedem kritischen Dialog unzugänglich sind. Zum Fundamentalismus kommt es, wenn ich *„die Suche vorschnell aufgebe, eine These, eine Ansicht, eine Formel, eine Überzeugung, einen Glaubenssatz, einen Wert, ein Phänomen, einen Wirklichkeitsaspekt absolut setze, für unbedingt wahr erkläre, zum archimedischen Punkt meiner ganzen Existenz erwähle, den ich allem und jedem Zweifel entziehe, von dem ich aber die gesamte Wirklichkeit exklusiv und restlos ableite und verstanden wissen will. Mein Denken und Handeln und das Denken und Handeln aller Menschen soll sich an diesem letzten und letztgültigen Fundament als unhinterfragbarer Leitidee orientieren."[3]* So definiert der Religionswissenschaftler Hubertus Mynarek die zentrale fundamentalistische Position. Natürlich finden sich auch in der Politik oder in der Wissenschaft fundamentalistische Tendenzen bzw. Gefahren; ich beschränke mich hier auf die christliche Religion.

In unserer Gesellschaft gibt der Fundamentalismus vor allem im Zusammenhang mit islamischen Extremisten zu reden: Die Morddrohungen gegenüber der atheistischen Ärztin und Schriftstellerin Taslima Nasrin und gegen den Autor Salman Rushdie haben - leider in zu geringem Ausmaß - einige Empörung ausgelöst. Ebenso beobachtet die westliche Welt die Taliban-Herrschaft in Afghanistan, den islamischen Gottesstaat im Iran oder die Massaker islamischer Fanatiker in Algerien mit Sorgen. Gleichzeitig wird aber unser - der christliche - Fundamentalismus in unserer Geschichte und in der Gegenwart immer noch tabuisiert. Was islamische Extremisten heute mit Andersdenkenden tun, war im christlichen Mittelalter bis in die Neuzeit über Jahrhunderte in ähnlicher Form gang und gäbe (vgl. z.B. Griguleviè 1980, Lea 1987). Sogenannte Abweichler und Ketzer wurden während Jahrhunderten verbrannt, gehenkt, geviertelt, ertränkt, erstochen, gefoltert oder im besten Fall vertrieben. Opfer waren Zehntausende von Menschen. Schon geringe Meinungsunterschiede und kircheninterne Kritik reichten aus um verfolgt zu werden. Viele fundamentalistische Denkmuster sind in der Bibel - dem wohl einflussreichsten Buch der westlichen Hemisphäre - anzutreffen.

Bei der religiösen Spielart des Fundamentalismus kommt eine bewährte Immunisierungsstrategie zur Anwendung: Der heilige Text übersteige wegen seines unmittelbaren göttlichen Urspungs alle menschliche Vernunft. Jeder Ansatz kritischen Denkens kann so leicht unterbunden werden.

Jeder Fundamentalismus operiert - ein zentraler Punkt - mit grundlegenden Denkverboten, mit einem radikalen Misstrauen und mit Ablehnung gegenüber anderen Weltbildern und Lebensentwürfen, gegen Vernunft und Denken. Absoluter Gehorsam, Ergebenheit und eine totale Abhängigkeit sind weitere Merkmale fundamentalistischer Strukturen. Natürlich „glauben" auch Nicht-Gläubige, z.B. an wissenschaftliche Ergebnisse und Theorien, aber sie glauben meistens hypothetischer, provisorischer, vorläufiger, und sind eher bereit, auch vertraute Denkmuster und Theorien aufzugeben, wenn sie durch neue Fakten widerlegt werden. Ausnahmen bestätigen die Regel. Denkfähigkeit ist in unserer Zeit eine unabdingbare Eigenschaft und sollte vielmehr auf allen Ebenen gefördert werden. Gleiches gilt für Fertigkeiten und Tugenden wie Kritikfähigkeit, Eigenverantwortung oder Toleranz.

Für Mynarek hat jeder Fundamentalismus einen religiösen Charakter. Warum? Keine monotheistische Religion erlaubt es *„ihren Anhängern in den entscheidenden Grundfragen Hypothetisches, Anzweifelbares, nicht Endgültiges, nur Vermutetes, Mögliches oder Wahrscheinliches zu bieten".* [4] Die christliche Religion behauptet, ein endgültiges Rezept für das Erreichen des Heils zu haben und die absolute Wahrheit und Unfehlbarkeit zu besitzen (vgl. dazu das Kapitel 3.) Auch die wichtigsten Gebote sind in die absolut formulierte Soll- und Mussform gepresst. Unsere komplexe und weltanschaulich plurale Welt verlangt indes das Gegenteil: Bescheidenheit, Duldsamkeit, gegenseitige Hilfe, Einfühlung.

Die zentrale Bedingung zur Erlangung des versprochenen Heils besteht im unkritischen Glauben an den Verkünder der Lehre oder Botschaft. So verlangt Jesus etwa in Johannes 11, 25-26: *„Wer an mich glaubt, wird leben, auch wenn er stirbt, und jeder, der lebt und an mich glaubt, wird auf ewig nicht sterben."* Welcher Mensch möchte nicht zumindest länger leben? Vor allem fundamentalistisch strukturierte Gruppierungen und Personen knüpfen derart an urmenschliche Bedürfnisse und Wünsche an und versprechen solche und andere letztlich uneinlösbare Leistungen.

Auch in der prophetischen Struktur der christlichen Religion zeigt sich eine Form des Fundamentalismus:

Eine einzelne Person ist es, die unmittelbaren Hörkontakt mit Gott (und seinen Engeln) hat, alle anderen müssen glauben, gehorchen, Befehle ausführen. Sie dürfen das vom Auserwählten Gehörte nicht in Zweifel ziehen; Fragen sind nicht erlaubt oder gefährlich. Die Hierarchie „Gott-Auserwählter-Glaubender/ Gläubige" ist von allem Anfang an gegeben,[5] die Befehle sind imperativ, kategorisch, autoritär (vgl. z.B. Kapitel 3.4). Für Fragen, Zweifel und Einwände ist kein Platz. Fundamentalistisch ist auch, wie der Jesus der vier Evangelien ständig die Hölle bemüht: Über 70 (!) Höllendrohungen spricht er in den Evangelien aus (vgl. dazu auch das Kapitel 3.14). Die Welt auf eine unfehlbare Instanz oder Person einschwören zu wollen, kann angesichts der heutigen Kriegstechnik für die ganze Menschheit sehr gefährlich werden und hat in der Vergangenheit schon ganze Völker ins Verderben geführt: Stalin oder Hitler sind nur zwei besonders krasse Beispiele.

Als fundamentalistisch im christlich-biblischen Kontext muss auch die Weigerung, offene Gesprächstrukturen zuzulassen, bezeichnet werden - Beispiele finden sich zahllose in Papstkirche/Vatikan und im Kapitel 3. Wahrheitsansprüche dürfen doch nicht mit massiven Drohungen oder Befehlen durchgesetzt werden, sondern sollen vielmehr dem offenen Prozess der freien und fairen Argumentation überlassen bleiben. Drohungen, in der Bibel an der Tagesordnung, sind unakzeptable Immunisierungsversuche gegen die Ansprüche der Vernunft. Wer seine Anliegen oder Ansprüche mit Drohungen durchzusetzen versucht, verhindert die Ausbildung eigenständiger Überzeugungen.

Zur fundamentalistischen Struktur der christlichen Religion gehört schließlich auch der personale Gott als Urquelle, Urgrund, Erstursache aller Wirklichkeit. Dieser Gott soll alle Probleme der Menschen lösen und alles Unheil abwenden oder heilen - wenn man/frau an ihn glaubt. So wird der Fundamentalismus des christlichen Glaubens zur Flucht in eine künstliche und meistens vermeintliche Geborgenheit. Eigenaktivität, Selbstvertrauen in die eigenen Kräfte und Selbstbestätigung durch eigene Erfolge können verhindert werden durch Fatalismus, Ergebenheit in sein Schicksal und Gott, Delegation von Verantwortung oder Warten auf ein gerechtes zweites Leben. Schnell kann zudem die Flucht in die künstliche Geborgenheit - nach außen ausgelebt - zur Gefahr für die MitbürgerInnen werden: *„Der Gläubige ist immer in Gefahr, die Antwort, von der er überzeugt ist und die er für definitiv hält, nicht nur für sich zu beanspruchen, sondern ihre Geltung auch Andersgläubigen zuzumuten (oder aufzuzwingen - J. F.). Religion ist in Gefahr, ihre Antwort zu verabsolutieren."*[6] Dies sagt übrigens kein Religionsgegner oder Atheist, sondern der Professor für Fundamentaltheologie in Augsburg, Klaus Kienzler. Unsere Probleme, ob im Bereich von zwischenmenschlichen oder zwischenstaatlichen Beziehungen, Erziehung, Wirtschaft oder Ökologie, können nur gemeinsam, mit Anstrengung aller gelöst werden. Das Delegieren oder Abwälzen an übergeordnete und absolute Autoritäten ist gefährlich und verschlimmert die anstehenden Probleme, statt sie zu mindern.

Das vorliegende Buch ist kein Werk gegen einen Glauben an Gott oder Göttinnen und kein Buch gegen Religion(en) und will auch niemandem seinen religiösen Glauben wegnehmen. Ich habe überhaupt nichts gegen Religionen oder Menschen, die religiös sind und an einen Gott glauben: Je nach Art ihres Glaubens (bzw. ihres gelebt-praktizierten Glaubens) empfinde ich den Umgang mit ihnen auf einer Bandbreite von angenehm und erfreulich bis zu eher missionarisch-belehrend und intolerant. Viele religiöse Menschen sind tolerant und engagiert in Sozial- und Entwicklungsprojekten. Schwieriger wird es mit den echt Bibelgläubigen, die nicht humane Inhalte selektionieren, sondern sich auf die biblischen Aussagen in ihrer Hauptstoßrichtung stützen - und diese Grundgedanken sind meines Erachtens problematisch, wie ich im Kapitel 3 dieses Buches zu zeigen versuche. Meine Gedanken sollen dazu Anstöße zum kritischen Selber- und Nachdenken liefern.

Diesem Buch liegen folgende Annahmen und Überzeugungen

zugrunde:

1. Biblische Texte enthalten aus heutiger Sicht an vielen Stellen menschenrechtsverletzende Aussagen und Forderungen.

2. Viele biblische Äußerungen behindern, bedrohen und verletzen die psychische Integrität und gesunde psycho-soziale Entwicklung des Menschen.

3. Die Bibel ist als ethische und pädagogische Grundlage oder Richtschnur - auch mit oder trotz vieler Auslegungen - sehr fragwürdig, häufig inhuman und für die heutige Welt veraltet. Ich werde dazu nur wenige - von vielen möglichen - Begründungen liefern (vgl. das Kapitel 3.), da dies schon andere AutorInnen ausführlicher und überzeugend dargelegt haben (vgl. besonders Buggle 1992[7], auch Mynarek 1992[8]) und meine Thesen dazu weder neu noch besonders originell sind.

4. Jeder Glaube an einen Gott oder eine Göttin, der sich als unfehlbar und unhinterfragbar ausgibt bzw. in sogenannt heiligen Schriften so dargestellt wird oder an eine einzelne unhinterfragbare, unfehlbare Autorität (Person oder Institution) halte ich für potentiell gefährlich sowohl für das einzelne Individuum als auch für die Gruppen von Menschen (Volksgruppen, Nationen usw.) Ausnahmen bestätigen die Regel. Der Verlust der Selbstkompetenz und von Toleranz sind häufige Folgen.

5. Die christlich-biblische Religion (und entsprechend abgeleitete Erziehungs- und Bildungsansätze) liefert meines Erachtens in der heutigen Zeit keine sinnvolle Basis für Erziehung, Schule und Gesellschaft und sollte daher als reine Privatsache des Einzelnen behandelt werden. Daraus ergeben sich folgerichtig beispielsweise die konsequente Trennung von Kirche und Staat und ein konfessionsunabhängiger Unterricht (Fach Ethik) in der Schule.

6. Ich bin der Auffassung, dass sich auch ohne einen Glauben an ein übernatürliches Wesen (Gott/Göttin oder gottähnliche Wesen und Gestalten) oder an irdische Gottheiten, d.h. ohne Religion, gut und vernünftig leben lässt, inklusive einer intakten Ethik.

Die Lehren und Theorien von Philosophen und Psychologen wie etwa L. Feuerbach, Th. d'Holbach, B. Russell, A. Adler und vielen anderen sind für eine ethische Orientierung humaner und hilfreicher als viele biblische Inhalte. Weiteres dazu erörtere ich ansatzweise in den Kapiteln 2., 3.15 sowie 7.

Hier beginnt nun schon ein erstes Problem: Wer nicht an einen biblisch-christlichen Gott glaubt, bekommt Erklärungsprobleme; die Selbstdefinition ist durch unsere christlich-abendländische Geschichte schon negativ vorgegeben: Ein Atheist ist ein Mensch ohne Glauben an Gott, ein Gottloser. Dies legt nahe, dass ihm etwas fehlt. Der Theist hat etwas Positives - so die landläufige Auffassung -, das dem Atheisten abgeht. Der Atheist ist ein von Gott verlassener, ein armer Teufel. Was hat er denn ohne Gott? Der Atheist, ja schon der vorsichtige Zweifler oder Skeptiker, als Ungläubiger und Abweichler jahrhundertelang unter aktiver Federführung der christlichen Kirchen diffamiert, verfolgt und teilweise auch getötet, gilt bis heute auch in unserer weitgehend säkularisierten Gesellschaft immer noch als zweifelhaftes Subjekt, als Wesen ohne Gefühle, mit einer mangelhaft ausgebildeten Moral, einem unterentwickelten Über-Ich. In einem „Gutachten" eines Psychiaters Ende des 19. Jahrhunderts wird einer Frau ihre Andersgläubigkeit als pathologisch klassifiziert: *„Ein weiteres Anzeichen für ihre pathologische Moral ist ihre vollständige Irreligiosität und das Fehlen eines jeden Autoritätsglaubens."[9]* Die Gleichsetzung von „gesund" und „religiös" bzw. von „psychisch krank" und „ohne religiöse Auffassung" wurde sogar in der Psychologie von C. G. Jung vertreten. So behauptete dieser 1933, alle seine über 35 Jahre alten PatientInnen hätten mit religiösen Problemen zu kämpfen und schreibt dazu folgendes: *„Man kann mit Sicherheit sagen, dass jeder von ihnen krank wurde, weil er das verloren hatte, was die lebenden Religionen aller Zeiten ihren Anhängern gegeben haben, und keiner von ihnen konnte wirklich geheilt werden, der nicht seine religiöse Auffassung wiedergefunden hätte."[10]* (Zitiert nach Masson 1991). Was Jung hier vertritt, ist keine Tatsache, sondern seine persönliche Meinung und man kann sich fragen, wie er AtheistInnen oder AgnostikerInnen als PatienInnen behandelt hat und bezweifeln, ob er solchen Menschen überhaupt gerecht werden konnte.

Wer nicht glaubt, ist ganz einfach krank. Obwohl das heute kaum jemand noch so direkt und grob äußern würde, gelten Irreligiosität und Atheismus bei vielen Menschen immer noch als moralisch-ethisch bedenklich: Man muss doch an irgendetwas glauben! Ohne Religion kein Halt, keine Moral! Auch der Aufklärungsphilosoph Kant kann sich ein moralisches Leben ohne Gott nicht vorstellen: *„Moral führt unumgänglich zur Religion.“*[11] Und an einer anderen Stelle behauptet er gar: *„Es ist unmöglich, dass ein Mensch ohne Religion seines Lebens froh werde.“*[12] Dass Religion oder der Glaube an eine Religion oder einen Gott die Lebensqualität eines Menschen automatisch verbessert, dafür ließen sich viele Gegenbeispiele zitieren. Religion kann auch krank machen - dazu gibt es unzählige Untersuchungen, Berichte und Fallbeispiele (vgl. als Auswahl: Moser 1976, Mynarek 1980, Dröge 1984, Glötzner 1984, Gottschaldt 1984, Grün 1984, Hark 1984, Jakob 1984, Scherf 1984, Richter 1985, Ringel 1986, Noll 1989, Rudolf 1990, B. und K. Deschner 1992, K. Deschner 1992, Bartholomäus 1994, Hole 1994, Knölker 1994, Neumann 1994, Watters 1995). Ich werde später auf einige dieser Beispiele zurückkommen.

Ich gehe nochmals zur Definitionsfrage zurück. Versuchen wir eine andere Beschreibung:

Nichtgläubiger. Auch hier stellt sich dasselbe Problem. Das „Nicht“ deutet auf ein Fehlen, einen Mangel hin. *„Wer glaubt und sich taufen lässt, wird gerettet werden - wer nicht glaubt, wird verdammt werden“*[13] heißt es in der heiligen Schrift. „Konfessionslos“ schreiben manche Leute bei der Angabe zur Religionszugehörigkeit auf amtlichen Formularen. Aber auch hier scheint etwas zu fehlen. Der nachfolgende Vergleich soll meine

Überlegungen veranschaulichen: Welcher Gesunde bezeichnet sich als „behinderungslos"? Dieses Beispiel zeigt: Die Gesundheit, die volle körperliche und/oder seelische Unversehrtheit und Integrität gilt als Norm. In Glaubensfragen legt unser Sprachgebrauch andere Kriterien für „normal-abnormal" fest. Diskriminierung der Nicht-Christen durch die Sprache? Versuchen wir es mit dem Begriff Nichttheist: Das Nicht deutet auch hier auf ein Minus hin. So nennen sich dann einige Freidenker: Ein meines Erachtens treffender und guter Begriff, der für sich in Anspruch nimmt, ebenso wie es der christliche Mensch tut, seine Überzeugung mit einer positiven Konnotation zu begleiten. Allerdings sind nicht alle Freidenker Atheisten.

Diese kurzen Überlegungen sollen u.a. zeigen, dass schon allein durch unsere Sprache - stark geprägt natürlich von unserer christlichen Geschichte - AtheistInnen oder wie wir sie bezeichnen wollen als Mängelwesen, als Teilamputierte, gelegentlich auch als Menschen ohne Ethik, als Paranormale oder gar als LeugnerInnen großer Wahrheiten definiert werden. Menschen, die nicht an ein höheres Wesen glauben, werden durch unsere Sprache diskrimiert. Die Kapitel 3. und 5. werden zeigen, wie über die Bibel und ihre Vermittler solche Bilder ins Fühlen und Denken der Menschen eingegangen sind.

Dass ein positive atheistisch-säkular-humanistische, d.h. religionsfreie Ethik, möglich und sinnvoll ist, versuche ich vor allem in den Kapiteln Kapitel 3.15 und 7. kurz zu zeigen.

Viele (auch religiöse) Menschen in der westlichen Welt sind heute in ihrer Lebenspraxis häufig weit rationaler - man möchte für gewisse Lebensbereiche fast agnostischer hinzufügen - orientiert als frühere Generationen und halten sich wenig an wichtige kirchliche und biblische Lehrvorschriften und Dogmen (vgl. z.B. die autoritären Vorschriften der katholischen Kirche zu Scheidung, Empfängnisverhütung und Abtreibung). Das sind erfreuliche Fortschritte. Sie berücksichtigen in vielen wichtigen und nebensächlicheren Fragen und Entscheidungen vernünftige

Überlegungen, wägen ab, vergleichen, prüfen kritisch, verwerfen usw.: Welche Leistungen bietet die Versicherung X, welche Y? Welche Leistungen sind mir wichtig, welche weniger? Wie sind die Kosten? Wieviel bin ich bereit zu (oder kann ich) bezahlen? In der Regel wird hier ein rationaler Entscheid gefällt. In ungleich fundamentaleren Fragen - der Frage nämlich, welche Lebensethik sie als ihre Grundlage und Richtschnur für ihren Lebensentwurf verwenden wollen - zeigen Menschen auch heute häufig geradezu ein fahrlässiges, unüberlegtes, widersprüchliches und irrationales Verhalten. Warum eigentlich? Ich werde darauf in den folgenden Kapiteln Ansätze für eine Antwort zu geben versuchen.

Anmerkungen zu Kapitel 1

1 Zitiert nach: N. Hoerster: Religionskritik. Reclam, Stuttgart 1984, S. 14

2 Zitiert nach: K. Kienzler: Der religiöse Fundamentalismus. Beck, München 1996, S. 10

3 Mynarek, Hubertus: Denkverbot. Fundamentalismus in Christentum und Islam. Knesebeck, München 1992, S. 22

4 Mynarek, Hubertus: Denkverbot. Fundamentalismus in Christentum und Islam. Knesebeck, München 1992, S. 48

5 Vgl. ebd., S. 79

6 Kienzler, Klaus: Der religiöse Fundamentalismus. Beck, München 1996, S. 21

7 Buggle, Franz: Denn sie wissen nicht, was sie glauben. Warum man redlicherweise kein Christ sein kann. Rowohlt, Hamburg 1992

8 Mynarek, Hubertus: Denkverbot. Fundamentalismus in Christentum und Islam. Knesebeck München 1992

9 Zitiert nach: Masson, Jeffrey: Die Abschaffung der Psychotherapie. Bertelsmann, München 1991, S. 66

10 Zitiert nach: ebd., S. 146

11 Kant, Immanuel: Deines Lebens Sinn. Diogenes, Zürich 1996, S. 111

12 ebd., S. 115

13 Die Bibel. Altes und neues Testament. Einheitsübersetzung. Herder Freiburg 1995, Markus 16, 16

2. Ermutigung zu Mündigkeit und Zweifel ... und Denkanstöße von Epikur bis Mackie

Vorbereitet von vorsichtigen Zweiflern, verstärkt durch Freigeister wie Michel de Montaigne (1533-1592) oder Pierre Bayle (1647-1706) hat Immanuel Kant (1724-1804) mit seiner berühmten Aufforderung zum Denken, Hinterfragen und Überprüfen eigener und fremder Anschauungsweisen auch den Mut angesprochen: Getraue dich, deinen eigenen Verstand zu gebrauchen. Dieses Motto der Aufklärung soll auch für dieses Buch wegleitend sein. Das Menschenbild der Aufklärung beinhaltet eine grundsätzlich positive Einstellung zum Menschen, der als entwicklungsfähig und der Vernunft zugänglich betrachtet wird. Der deutsche Philosoph Kant hat die Grundposition der Aufklärung treffend wie folgt dargelegt:

„Aufklärung ist der Ausgang des Menschen aus seiner selbstverschuldeten Unmündigkeit. Unmündigkeit ist das Unvermögen, sich seines Verstandes ohne Leitung eines anderen zu bedienen. Selbstverschuldet ist diese Unmündigkeit, wenn die Ursache derselben nicht am Mangel des Verstandes, sondern der Entschliessung und des Mutes liegt, sich seiner ohne Leitung eines anderen zu bedienen. Sapere aude! Habe Mut, dich deines eigenen Verstandes zu bedienen! ist also der Wahlspruch der Aufklärung...

Es ist so bequem, unmündig zu sein. Habe ich ein Buch, das für mich Verstand hat, einen Seelsorger, der für mich Gewissen hat, einen Arzt, der für mich die Diät beurteilt..., so brauche ich mich ja nicht selbst zu bemühen. ... Dass der bei weitem größte Teil der Menschen ... den Schritt zur Mündigkeit, außerdem dass er beschwerlich ist, auch für sehr gefährlich halte, dafür sorgen schon jene Vormünder, die die Oberaufsicht über sie gütigst auf sich genommen haben. Nachdem sie ihr Hausvieh zuerst dumm gemacht haben und sorgfältig verhüteten, dass diese ruhigen Geschöpfe ja keinen Schritt außer dem Gängelwagen, darin sie sie einsperrten, wagen durften, so zeigen sie ihnen nachher die Gefahr, die ihnen drohet, wenn sie es versuchen, allein zu gehen. Nun ist die Gefahr zwar eben so groß nicht, denn sie würden durch einigemal Fallen wohl endlich gehen lernen; allein ein Beispiel von der Art macht doch schüchtern und schreckt gemeiniglich von allen ferneren Versuchen ab...

Daher kann ein Publikum nur langsam zur Aufklärung gelangen. ... Zu dieser Aufklärung aber wird nichts erfordert als Freiheit; und zwar die unschädlichste unter allen, was nur Freiheit heissen mag, nämlich die: von seiner Vernunft in allen Stücken öffentlich Gebrauch zu machen. Nun höre ich aber von allen Seiten rufen: Räsoniert nicht! Der Offizier sagt: Räsoniert nicht, sondern exerziert! Der Finanzrat: Räsoniert nicht, sondern bezahlt! Der Geistliche: Räsoniert nicht, sondern glaubt!"[1]

Immanuel Kant, Beantwortung der Frage:
Was ist Aufklärung? *1783 (1724-1804)*

Auch wenn das Menschenbild und der Zukunftsoptimismus der Aufklärung nicht so rasch wie erhofft in die Tat umgesetzt werden konnten, sind aufklärerische Grundpositionen meines Erachtens nach wie vor oder heute erst recht wichtig und aktuell. Alle Probleme, mit denen die einzelnen Menschen oder die Menschheit zu kämpfen haben, sind nur - wenn überhaupt - von Menschen und mit den Menschen zu lösen. Eine diesseitige Lebensorientierung kann am ehesten Probleme wie Umweltzerstörung, Ausbeutung oder zwischenmenschliche Konflikte bewältigen. Diese Sichtweise teilte schon der große Denker Epikur (342/341 v.u.Z.-271/270 v.u.Z.), wenn er betonte: *„Unsinnig ist es, von den Göttern etwas zu erbitten, was man aus eigener Kraft* *zu leisten vermag.* "[2] Beten mag für Menschen hilfreich sein: Trotzdem müssen sie die anstehenden Probleme im Hier und Jetzt lösen - kein Gott nimmt ihnen auch nur eine Entscheidung ab.

Auch Nietzsche (1844-1900) sah diese Thematik ähnlich: *„Wenn man das Schwergewicht des Lebens nicht ins Leben, sondern ins ‚Jenseits' verlegt - ins ‚Nichts' -, so hat man dem Leben überhaupt das Schwergewicht genommen. Die große Lüge von der Personalunsterblichkeit zerstört jede Vernunft.* "[3] Der beharrliche - und gleichzeitig freundliche - Einsatz für soziale Gerechtigkeit und Aufklärung, gepaart mit dem Wissen um die menschliche Fehlerhaftigkeit und Unvollkommenheit, ermöglicht sozialen Fortschritt und gewährleistet Toleranz. Am treffendsten für mich hat diese Haltung der große englische Philosoph Russell (1872-1970) ausgedrückt: *„...dass die Wahrheit, die wir erreichen können, eine bloss menschliche Wahrheit ist, fehlbar und veränderlich wie alles Menschliche, denn die Leute verfolgen einander, weil sie glauben, sie kennten die ‚Wahrheit'. Guter Wein braucht keinen grünen Kranz und gute Ethik keine Greuel.* "[4] Und an einer anderen Stelle schreibt er: *„Fühle Dich keiner Sache völlig sicher.* "[5]

Die Erkenntnis, keine ewige und unumstößliche Wahrheit zu besitzen, mildert tendenziell sture Haltungen und verkrustete Überzeugungen. Diese Meinung vertrat Russell auch in der folgenden Aussage: *„Der Wunsch, Erkenntnis zu besitzen, die nicht in Frage gestellt werden kann, und nach der Gewissheit einer endgültigen Wahrheit führt wahrscheinlich weniger zu Objektivität als zu Starrheit und arrogantem Dogmatismus.* "[6]

Maßvoller Zweifel und vernünftig dosierte Skepsis sind gesunde Geisteshaltungen und schützen vor Dogmen jeglicher Couleur; wer so lebt und fühlt, ist weitgehend immunisiert gegen Fanatismus und Engstirnigkeit - und aus der Sicht Russells sähe unsere Welt dann besser aus: *„Könnte man die Menschen bloß in eine versuchsweise agnostische Geistesverfassung über diese*

Dinge (Religion und Politik - J. F.) bringen, neun Zehntel der Schäden in der modernen Welt würden geheilt."[7] Eine ähnlich hohe Wertschätzung der skeptischen Position zeigt auch der französische Aufklärer und Enzyklopädist Diderot (1713-1784): *„Der erste Schritt zur Wahrheit ist der Zweifel."*[8] Diderot plädiert für eine ungehinderte Prüfung aller Behauptungen und Theorien - eine Geisteshaltung, der angesichts der boomenden Esoterik-Welle mehr Verbreitung zu wünschen wäre. Nach Diderot *„muss alles geprüft, alles muss durchgeschüttelt werden, ohne Ausnahme und ohne Umschweife".*[9]

Dogmatisierte und fanatisch werdende Glaubensüberzeugungen - davon haben die letzten Jahrhunderte (Beispiel Christentum) und Jahrzehnte (Beispiele: Nationalsozialismus, Leninismus-Stalinismus) genug Zeugnis abgelegt - laufen letztlich Gefahr, für die „Unbekehrten", aber auch für die „Zweifels-Immunisierten", zur Katastrophe auszuwachsen, denn sie verhindern u.a. zwei grundsätzliche und unabdingbar notwendige Eigenschaften für ein sinnvolles menschliches Zusammenleben, die Russell wie folgt charakterisiert: *„.. ..dass Freundlichkeit und Toleranz entschieden mehr wert sind als alle Glaubensüberzeugungen der Welt ..."*[10]

Dogmatische Glaubensüberzeugungen religiöser Art sind naturgemäß langfristig gefährlicher als solche in anderen Bereichen, da ihre Herkunft (Offenbarung) und damit ihre Inhalte unhinterfragbar sind - und bleiben, was für politische Doktrinen über längere Zeit kaum möglich ist. Der englische Humanist und Skeptiker Hume (1711-1776) sieht diese Problematik genau, wenn er schreibt: *„Während die Irrtümer in der Philosophie bloß lächerlich sind, sind die Irrtümer in der Religion gefährlich."*[11]

Ich werde in weiteren Kapiteln zu zeigen versuchen, wie dogmatische religiöse Überzeugungen auch die Herausbildung eigenständigen Denkens zu verhindern wissen. Der Begründer der Psychoanalyse, Freud, stand der Religion lebenslänglich kritisch gegenüber und zeigte in vielen Schriften, so z.B. in *Die Zukunft einer Illusion* (1927) oder in *Massenpsychologie und Ich-Analyse* (1921) fragwürdige, schädliche oder illusorische Aspekte religiöser Überzeugungen auf. Ich zitiere Freud aus der Schrift von 1927: *„Wenn es um Fragen der Religion geht, machen sich die Menschen aller möglichen Unaufrichtigkeiten und intellektuellen Unarten schuldig."* Und an einer anderen Stelle schreibt Freud: *„Sie (die religiösen Lehren - J. F.) sind sämtlich Illusionen, unbeweisbar, niemand darf gezwungen werden, sie für wahr zu halten, an sie zu glauben. Einige von ihnen sind so unwahrscheinlich, so sehr im Widerspruch zu allem, was wir mühselig über die Realität der Welt erfahren haben, dass man sie - mit entsprechender Berücksichtigung der psychologischen Unterschiede - den Wahnideen vergleichen kann."*[12]

Auch wenn einige LeserInnen Freuds radikale Sicht nicht vollumfänglich teilen mögen - in den folgenden Kapiteln werden mögliche Auswüchse einiger dieser Ideen beleuchtet.

Es gibt aus meiner Sicht kein Denksystem, keine Glaubensüberzeugung, keine Theorie oder Lehre, die alle drängenden Fragen der Menschen befriedigend beantworten kann. Bestimmte Theorien sind für Teilbereiche des Lebens, der Wirklichkeit und den Bedürfnissen der Menschen angemessener, andere weniger. So sind selbstverständlich auch nicht von vornherein alle christlich-orientierten Menschen asozialer oder alle nicht-christlichen Menschen humanistischer: Letztlich entscheidet die individuell verarbeitete und gelebte Haltung und Lebenspraxis hinsichtlich der Menschen und der Welt. Dies meinte wohl auch der englische Philosph Mackie (1917-1981), mit dessen Worten ich dieses Kapitel abschließen will: *„Weder Theisten noch Atheisten haben irgendein Monopol, weder auf Laster noch auf Tugenden."*[13]

Anmerkungen zu Kapitel 2

1 I. Kant, zitiert nach: E. Bahr (Hrsg.), Was ist Aufklärung? Thesen und Definitionen. Reclam, Stuttgart 1994, S. 9-11

2 Zitiert nach: E. Vilar, Die Erziehung der Engel. Econ, Düsseldorf 1992, S. 130

3 F. Nietzsche, Der Antichrist. Werke Band 4. Hanser, Wien 1980, S. 1205

4 B. Russell, Wissen und Wahn. Skeptische Essays. Drei Masken, München 1930, S. 74/75

5 B. Russell, Autobiographie III. 1944-1967. Suhrkamp, Frankfurt 1974, S. 80

6 B. Russell, Briefe aus den Jahren 1950-1968. Melzer, Frankfurt/M 1970, S. 144/145

7 B. Russell, Wissen und Wahn. Skeptische Essays. Drei Masken, München 1930, S. 194

8 Zitiert nach: Artikel aus Diderots Enzyklopädie. Reclam, Leipzig 1984, S. 239

9 Zitiert nach: P. Gay, Ein gottloser Jude. Fischer, Frankfurt 1988, S. 56

10 B. Russell, Die Praxis und Theorie des Bolschewismus. Darmstädter Blätter, Darmstadt 1987, S. 48

11 Zitiert nach: N. Hoerster, Religionskritik. Arbeitstexte für den Unterricht. Reclam, Stuttgart 1984, S. 4

12 S. Freud, Die Zukunft einer Illusion. In: S. Freud-Studienausgabe, Band 9, Zürich 1977, S. 165-166

13 Zitiert nach: F. Hiorth, Atheismus genau betrachtet. Lenz, Neustadt 1995, S. 67

3. Was (das!) sollen Erwachsene glauben? Eine Kritik an Ethik und Pädagogik der Bibel

3.1 Unangenehme Nachrichten... und einige Diskussionskriterien

„Wo die Moral auf die Theologie, das Recht auf göttliche Einsetzung gegründet wird, da kann man die unmoralischsten, unrechtlichsten, schändlichsten Dinge rechtfertigen und begründen ... Etwas in Gott setzen oder aus Gott ableiten, das heißt nichts weiter als etwas der prüfenden Vernunft entziehen, als unzweifelbar, unverletzlich, heilig hinstellen, ohne Rechenschaft darüber abzulegen."[1]

Ludwig Feuerbach, Das Wesen des Christentums (1849)

„Aber wenn er gut ist, wie kann er sie dann auch nur vorübergehend leiden lassen? Wenn er allwissend ist, warum muss er dann seine Günstlinge, von denen er nichts zu befürchten hat, auf die Probe stellen? Wenn er allmächtig ist, warum muss er sich dann über die vergeblichen Verschwörungen beunruhigen, die sie gegen ihn anzetteln können?"[2]

Paul Thiry d'Holbach (1723-1789)

„Entweder will Gott die Übel beseitigen und kann es nicht, oder er kann es und will es nicht, oder er kann es nicht und will es nicht, oder er kann es und will es. Wenn er nun will und nicht kann, so ist er schwach, was auf Gott nicht zutrifft. Wenn er kann und nicht will, dann ist er mißgünstig was ebenfalls Gott fremd ist. Wenn er nicht will und nicht kann, dann ist er sowohl miss-

*günstig wie auch schwach und dann auch nicht Gott. Wenn er
aber will und kann, was allein sich für Gott ziemt, woher kommen dann die Übel und warum nimmt er sie nicht weg?"[3]*

Epikur (342/341 v.u.Z.-271/270 v.u.Z.)

Die Bibel ist das wohl bedeutendste und folgenreichste Buch der
westlichen Welt, das sowohl ethische als auch pädagogische
Auffassungen, Ideen, Forderungen und Anweisungen enthält:
Aus meiner Sicht lassen sich diese beiden Aspekte (moralisch-
ethische Lehre und Praxis, erzieherisch-pädagogische Lehre und
Praxis) gerade in der Bibel häufig nicht voneinander trennen -
was vom Aspekt der Ganzheitlichkeit her auch eine ihrer Stärken
ausmacht: Die Bibel vermittelt Ethik und Pädagogik. Deshalb
mein entsprechender und die Auffassung, dass die Bibel ein ethisches und pädagogisches Werk darstellt.

In der Bibel steht die reine, von Gott selbst autorisierte Wahrheit; die Bücher des alten wie des neuen Testaments sind in ihrer Ganzheit in allen Teilen heilig und kanonisch, behauptet die
katholische Kirche (2. Vatikanisches Konzil) noch 1965![4]

Die Bibel ist die alleinige Richtschnur für die Unterscheidung
von Gut und Böse, glaubt die evangelisch-lutherische Kirche
ähnlich unbeirrt.[4]

Bei Christen, „Halbchristen" wie auch bei erklärten Nicht-
Gläubigen gilt die Bibel (bzw. das als Bibel identifizierte Buch:
jede Zeit und jede Konfession hat ja wieder ihre eigene Bibelübersetzung; Einheitsübersetzungen sind eine Errungenschaft
der 1970er Jahre) als das moralische Lehrbuch unserer westlichen Zivilisation. Sogar bei erklärten Gegnern der Kirchen über-
wiegt die Meinung, dass die Bibel nur oder fast nur Gutes lehrt.
Viele sind gegen die Kirchen, weil sich diese - angeblich - zu
wenig oder kaum an die Bibelworte halten. Bei anderen wiederum finden wir eine fast kindlich anmutende Verehrung und ver-
suchte Rettung von Jesus als Inbegriff der Liebe, Tugend und
Weisheit. Zu diesen gehören auch oft Leute, die intensiv die Bi-

bel gelesen haben und lesen. Schulte (1995) stellt zu Recht fest: *„Die traditionelle Meinung von dem, was in der Bibel zu lesen ist, scheint wirksamer zu sein als die Erfahrung aus der Bibellektüre, die man oft gar nicht oder nur unzureichend übernimmt."[5]* Die Bibel ist - das soll nachfolgend und exemplarisch an einigen Beispiele gezeigt werden - in vielen Teilen ein inhumanes Buch, das viele verabscheuungswürdige Handlungen, die Menschen an Menschen begehen, wie etwa Verfolgung Andersdenkender/Andersgläubiger, Vergewaltigung, Folterdrohungen, Massenmord, Kindermord, Forderung der Unterwerfung unter eine fanatisch-intolerante Autorität, Zerstörung von Familienbanden, Geringschätzung und Erniedrigung der Frau usw. rechtfertigt.

Es sei hier unbestritten, dass in der Bibel auch humane Gedanken und Leitbilder angesprochen und vorgestellt werden: Zeichen der Liebe, der Toleranz und der Großmütigkeit finden sich an verschiedenen Stellen. Diese Seiten sind wichtig und unterstützenswert. Trotzdem komme ich in meiner Analyse zu einer negativen Gesamtbilanz, denn die inhumanen Mord-Aufrufe, Ungerechtigkeiten oder Vernichtungsfeldzüge (um nur drei Beispiel-Kategorien zu nennen) des biblischen Gottes sind leider keine Ausnahmen oder singuläre Entgleisungen, sondern ziehen sich wie ein roter Faden durch die verschiedenen Schriften der Bibel. Ein ethisch-moralisches Handbuch, dessen Inhalt ganzen Kulturen seit Jahrhunderten schon in jungen Jahren als die Richtschnur für Verhalten, Denken und Erziehung beigebracht wird, muss sehr hohen ethischen Kriterien genügen und darf nicht - frei nach theologischem Ermessen und Verdrängen - selektiv gelesen oder mit gescheiten Deutungen in seinen inhumanen Inhalten neutralisiert werden. Ein Buch, das Toleranz auf der Seite A propagiert, auf den Seiten C und G aber das Gegenteil bejubelt und fordert, muss als unglaubwürdig, widersprüchlich und unhaltbar bezeichnet werden. Zwei kurze Beispiele sollen dies zeigen. Ich zitiere im nachfolgenden immer nach der deutschen Einheits-Übersetzung von 1995.

Beispiel 1: *„Leistet dem, der euch etwas Böses antut, keinen Widerstand, sondern wenn dich einer auf die rechte Wange schlägt, dann halt ihm auch die andere hin."* *(Matthäus, 5,39) widerspricht doch „Leben für Leben, Auge für Auge, Zahn für Zahn, Hand für Hand, Fuß für Fuß, Brandmal für Brandmal, Wunde für Wunde, Strieme für Strieme."* *(2. Mose 21, 24-26) Das wiederum widerspricht: „Selig, die keine Gewalt anwenden, denn die werden das Land erben."* (Matthäus 5, 5)

Beispiel 2: *„Wer nicht arbeiten will, soll auch nicht essen."* (2. Thessalonikerbrief 3, 10) widerspricht *„Sorget euch nicht ... darum, dass ihr etwas zu essen habt ... Ist nicht das Leben wichtiger als die Nahrung ... Seht euch die Vögel des Himmels an: Sie säen nicht, sie ernten nicht und sammeln keine Vorräte in Scheunen; euer himmlischer Vater ernährt sie ... Macht euch also keine Sorgen und fragt nicht: Was sollen wir essen? Was sollen wir trinken?"* (Matthäus 6, 25-31).

Jeder Computerbenutzer, dessen Handbuch unzählige gegensätzliche, sich widersprechende Informationen enthält - wobei die falschen (analog in der Bibel die negativen) bei weitem überwiegen -, beschwert sich bei seinem Händler zu Recht darüber. Einen Kaufvertrag, der mehrere sich fundamental widersprechende Angaben enthält, unterschreibt kein des Lesens Kundiger. Kein demokratisches und vernünftiges Volk würde eine Verfassung, in der als Aussage 1 „Alle BürgerInnen sind vor dem Gesetz gleich" und als Aussage 2 „Alle BürgerInnen sind vor dem Gesetz nicht gleich" steht, akzeptieren, und jede/r VerfassungsrechtlerIn würde schon beim Entwurf vehement sein/ihr Veto einlegen. Bei der Bibel - wo es ja eigentlich um viel Grundsätzlicheres geht, nämlich um die Fundierung einer Weltanschauung und Moral - sind die Menschen in sträflicher Weise viel nachsichtiger, ungenauer, gleichgültiger: Hier stehen eben Emotionen im Vordergrund. Der kritische Verstand scheint vielfach ausgeschaltet und lässt sich, wie Buggle (1992) zeigt, vor allem mit der frühkindlichen Sozialisation und Indoktrination bezüglich Bibel und Kirche erklären. Dem kleinen Kind wird schon früh eine bestimmte Überzeugung in einer Zeit der geistig-kritischen und emotionalen Wehrlosigkeit vermittelt, dass es als Jugendlicher oder Erwachsener vielfach nicht mehr in der Lage ist, die Bibel so zu lesen, wie es schwarz auf weiß steht - wenn überhaupt noch gelesen und nicht nur geglaubt wird. Zweifler und intelligente Menschen, die mit den auftretenden Widersprüchen nicht mehr klar kommen, beginnen dann eine die unangenehmen Inhalte vernebelnde Deutung vorzunehmen - oder vernehmen zu lassen: „Verstehen Sie, das ist natürlich alles nur symbolisch gemeint!" Das unangenehme Gefühl, aufkommende Zweifel oder die unerklärliche Angst werden damit wieder besänftigt und das Leben kann seinen gewohnten Lauf nehmen, d.h. alles bleibt beim Alten.

Es gilt, sich bei allem Nachfolgenden die lernpsychologische Erkenntnis des Modell-Lernens (vgl. Bandura 1979[6]) in Erinnerung zu rufen: Die Bibel und ihr Gott, die zumindest theoretisch ethische und pädagogische Richtschnur seit Jahrhunderten, liefert(e) den Menschen Verhaltens-, Denk- und Gefühlsmodelle, die als Vorbild dienen und so eigenes Fühlen, Denken und Handeln bewusst und meistens unbewusst legitimieren können. Wenn der unfehlbare, allmächtige und „liebe" Gott zu Recht so handelt, ist es wenig verwunderlich, wenn seine Bewunderer und Nachahmer dasselbe oder ähnliches tun - und sich dabei kaum kritisch Rechenschaft über ihr Handeln ablegen. Vielleicht ist das mit ein Grund, warum BibelleserInnen sich nicht über die vielen problematischen Inhalte der Bibel empören können.

Zu den nun folgenden Bibel-Auszügen noch dies: Bibelkundige werden zu jedem der dargelegten Zitate mehrere entkräftigende Gegenzitate anführen können. Damit werden aber die problematischen - und es sind deren so viele, dass hier nur eine mehr als bescheidene Auswahl erfolgen kann - nicht aus der Welt geschaffen: Diese sind ja das Problem, über die anderen

kann man sich nur freuen. TraditionalistInnen und Fundamenta-
listInnen werden bei den nun folgenden kritischen Analysen das
Eindringen des kritischen Geistes in die Sphäre der biblischen
Religion anprangern: Es gibt für sie kaum eine schlimmere Blas-
phemie, als die Mysterien der heiligen Schrift den Kriterien des
klaren, nüchternen und vernunftgeleiteten Denkens zu unterzie-
hen. Historisch geschulte und fortschrittliche TheologInnen werden einwenden, dass ich Bibelzitate aus einem bestimmten historischen und situativen Zusammenhang herausreiße und so
entstelle. Zudem, ein weiterer Kritikpunkt, würde ich solche
Texte mit viel später entstandenen Erkenntnissen und Errungenschaften (Menschenrechte, Psychologie usw.) vergleichen, was
unfair sei. Dagegen setze ich zwei Argumente: 1. Würden die
Theologen den Kontexteinwand selber ernstnehmen, müssten sie
in ihren Predigten, Unterweisungen und Religionsstunden die
meisten religiösen Aussagen bezüglich ihres heutigen Wertes
und Nutzens stark relativieren (Wahrheitsgehalt, Aktualität,
Übertragbarkeit) bzw. viele Teile der Bibel verwerfen. Davon
sind sowohl die TheologInnen als auch die Kirchen weit entfernt. 2. Für die Gegenwart und die Zukunft der Menschheit sind
wissenschaftlich und human begründete ethische Kenntnisse,
Lehren und Geschichten nötig. Offenbarte und dogmatische
Glaubenssysteme sind aber unwandelbar - ein wesentliches, ihnen innewohnendes Prinzip -, und deshalb verständlicherweise
nach bald 2000 Jahren in weiten Teilen veraltet. In keinem anderen Bereich (z. B. Mathematik, Technik, Physik, Sozialwissen-
schaften) bleibt man so unverändert und beharrlich an den Ur-
sprüngen stehen.

Die Bibel gilt nach wie vor als das ethische - und zum Teil
auch pädagogische - Lehrbuch. Jedes andere Lehrmittel wird
überarbeitet, auf den neuesten Stand der Erkenntnis und Forschung gebracht. Bei der Bibel ist das nicht der Fall: Sie vermittelt auch in neuen Einheitsübersetzungen das bekannte archai-
sche Denkmodell - wenn auch sprachlich modernisiert und text-

kritisch verbessert -, das vor 2000 Jahren für einige Menschen Gültigkeit hatte.

Zwar betrachtet die historisch-kritische Bibelforschung die biblischen Geschichten vom Garten Eden, dem Fall Adams, der Sintflut, dem Auszug aus Ägypten und der wundersamen Jungfrauengeburt oder der Wiederauferstehung und der Himmelfahrt Jesu als mythologische Geschichten, die im metaphorischen und symbolischen Sinn gelesen (und interpretiert) werden sollen. Neue Bedeutungen sollen die ursprüngliche Kraft der Texte erhalten, und aufgeschlossene und liberale Zeitgenossen wählen für sich vorwiegend die humanen und positiven Elemente der Bibel aus - was durchaus „sympathisch" ist -, ohne allerdings die Bibel im Ganzen kritisch zu betrachten. Warum sollte man nicht neue Richtungen einschlagen? (Vgl. dazu Kapitel 3.16). Die Weigerung, dies zu tun, lässt sich zweifellos auf die Angst vor einem radikalen Bruch mit den alten Mythologien (und alten Gewohnheiten) zurückzuführen - und vielleicht mit unbewussten tiefverankerten Nachwirkungen kirchlicher und biblischer Drohungen in der eigenen Erziehung und religiösen Unterweisung.

In den nun folgenden Kapiteln 3.2 bis 3.14 werde ich anhand einiger ausgewählter Beispiele mir zentral scheinende Denkmuster der Bibel darstellen und kritisieren. Wieweit können biblische Inhalte und Aussagen die psychisch-geistig-emotional-körperliche Entwicklung des Menschen von der Geburt bis zum Tod fördern, beeinträchtigen oder gar schädigen? Die Vermittlung der Texte geschieht seltener und erst später direkt über die Lektüre als - psychologisch bedeutsamer, da schon sehr früh -, indirekt über VermittlerInnen, InterpretatorInnen (Eltern, Lehrpersonen, Theologen, PfarrerInnen, Priester usw.). Die Verarbeitung in beiden Formen vollzieht sich immer vor einem individuellen biographischen Hintergrund: Der individuelle Entwicklungsstand, die persönliche und subjektive Verarbeitung und Befindlichkeit, die soziale Einbettung und die familiäre Situation, das kulturelle Umfeld und vieles mehr spielen eine wichtige Rolle.

Trotzdem müssen für eine kritische Analyse die gedruckten Texte als Ausgangsbasis genommen werden. Fragwürdige Texte und Inhalte bleiben auch bei mildernden oder relativierenden Interpretationen trotzdem als Texte fragwürdig - oder kurz gesagt: Aufrufe zur Gewalt bleiben Aufrufe zur Gewalt, die Ertränkung der ganzen Menschheit (mit zwei Ausnahmen) ist, ob metaphorisch, symbolisch oder wörtlich interpretiert, aus heutiger Sicht vom Standpunkt der Menschenrechte und der Menschlichkeit unakzeptabel. Ich werde zu zeigen versuchen, dass viele grundlegende Denkmuster in der Bibel aus heutiger Perspektive sowohl gegen elementare Menschenrechte als auch gegen psychologische Erkenntnisse über die Entwicklung des Menschen verstoßen. Meine kritische Einschätzung dieser Bibelstellen beruht auf den folgenden menschenrechtlichen und psychologischen Kriterien:

1. Die Allgemeine Erklärung der Menschenrechte der UNO von 1948 (siehe Anhang 9.)

2. Die Wiener Erklärung und das Aktionsprogramm der Weltkonferenz über Menschenrechte von 1993 (siehe Anhang 9.)

3. Die UNO-Konvention über die Rechte der Kinder von 1990 (siehe Anhang 9.)

4. Psychologische, entwicklungspsychologische, psychotherapeutische und pädagogische Kriterien wie:

o Erziehung zu gesundem Urvertrauen und Geborgenheit

o Förderung der Selbstaktzeptanz und Ich-Stärkung (gesundes Selbstwertgefühl) ohne Regression

o Förderung der Selbstverantwortung, der Mündigkeit und der Emanzipation

o Förderung von Toleranz, Sensibilität, Engagement, Verständnis und Respekt gegenüber anderen Menschen

o Förderung des Gefühls der Selbstwirksamkeit

o Tröstung und Hilfe ohne versteckte Drohung oder falsche zukünfige Heilsversprechen

o Bestätigung des Menschseins, der Lebens- und Sinnesfreude

o Förderung zur Führung von für beide Seiten erfüllten menschlichen Beziehungen und Bindungen

5. Die Zusammenfassung der Studien von Batson/Ventis (1982) zu Definitionen von geistiger Gesundheit, dargestellt von Watters (1995)[7]

o Abwesenheit von Geisteskrankheit
o Angemessenes Sozialverhalten
o Freiheit von (unangemessener - J. F.) Sorge und Schuld
o Persönliche Kompetenz und Selbstbeherrschung
o Selbstakzeptanz und Selbstverwirklichung
o Persönlichkeitskonsolidierung und -organisation
o Offenes Denken und Beweglichkeit

6. Psychologische Konzepte der Moralentwicklung von Piaget und Kohlberg.[8] (siehe Anhang 9.)

3.2 Denkverbot und Förderung des Selbstzweifels

Ein grundlegendes Gebot in unzähligen biblischen Texten ist die Absage an eigenständiges, unabhängiges, kritisches und hinterfragendes Denken. Das gilt nach Mynarek (1992) sowohl für das Christentum als auch für den Islam. Kaum eine monotheistische Religion kommt ohne dieses grundlegende Verbot aus. Allein dies sollte eigentlich alle wachen Geister skeptisch stimmen. Alle Lehren, die keine Tür für Zweifel oder Kritik offenlassen, sind ihrem Wesen nach gefährlich. Denkverbote und die Aufforderung, sich selbst nicht zu trauen, d. h. dem eigenen Verstand zu misstrauen, ziehen sich als roter Faden durch viele biblische Texte und können schließlich auf die Formel „Der Mensch ist nichts, Gott ist alles" gebracht werden. Wichtige Kompetenzen und Möglichkeiten für ein erfülltes Menschsein wie Mündigkeit, Zweifel, Recht auf Dissidenz oder kritische Vernunft usw. werden so verbaut.

Selber denken, zweifeln, selber überprüfen wollen: Diese wertvollen Verstandes- und Denkfunktionen des Menschen, erstmals in ihrer Bedeutung anerkannt durch die Aufklärung, werden in der Bibel immer wieder schon bei geringsten Ansätzen mit massiven Drohungen belegt oder mit Entwertungen und Spott geahndet. Eigenständigkeit - eine psychologisch wichtige und zum Leben unabdingbare Eigenschaft, gilt als gefährlich. Statt dessen soll das eigene Schicksal Gottes unerforschlicher, unverständlicher und häufig parteiischer Fügung anvertraut werden. Um dem noch stärker Ausdruck zu verleihen, wird immer wieder - wie bei Kindern - gedroht und mit moralischem Druck gearbeitet. Der Preis für die völlige Unterwerfung unter den Willen Gottes und der Verzicht der eigenen Vernunft besteht im Versprechen, gut geführt zu werden. Auch hier sind die biblischen Autoren nicht besonders originell:

Versprach und verspricht das nicht jeder Guru, jeder Diktator, jede Sekte, jede totalitäre Gruppierung? Lesen wir als stellvertretendes Beispiel für viele andere, was in den Sprüchen Salomos steht:

„Mit ganzem Herzen vertrau auf den Herrn, bau nicht auf eigene Klugheit, such ihn zu erkennen auf all deinen Wegen, dann ebnet er selbst deine Pfade. Halte dich nicht selbst für weise, fürchte den Herrn und fliehe das Böse! Das ist heilsam für deine Gesundheit und deine Glieder ... Verachte nicht die Zucht des Herrn, widersetz dich nicht, wenn er dich zurechtweist." (Sprüche Salomon 3, 5-11)

Mit solchen Aussagen wird das Selbstwertgefühl besonders des jungen Menschen geschwächt und die gesunde Identitätssuche bzw. -findung behindert. Die Entwicklung eines gesunden Vertrauens in sich, der Aufbau einer angemessenen Kontrollüberzeugung, ein Gefühl für Selbstwirksamkeit und Selbstkompetenz - all dies wird durch solche Aufforderungen verhindert oder abgebaut. Statt dessen wiederum: Gehorsam, Glauben und sich selber misstrauen. Sich selbst nicht trauen dürfen, eine himmlische Autorität fürchten müssen, Zurechtweisungen widerstandslos ertragen (und wenn sie ungerecht sind?): Warum? Wozu? Fördert das die Entwicklung psychisch gesunder Menschen? Immer wieder taucht die versteckte Forderung nach Regression auf. Entstehen so nicht Karikaturen von Persönlichkeiten? Mir scheinen das aus entwicklungspsychologischer Perspektive verhängnisvolle biblische Ratschläge zu sein. Die Aufforderung zur Preisgabe des Verstandes, die Verneinung eigener Kompetenz und Entschlussfähigkeit sowie die ausschließliche Abstützung auf eine höchste und unhinterfragbare Autorität (Gott) und Führung - all dies kann gerade jungen Menschen auf keinen Fall empfohlen werden. Mit fast identischen Aussagen wie im oben erwähnten Zitat wurden und werden Tausende von Menschen von totalitären religiösen Heilsgruppen und fundamentalistischen Glaubensgruppen geködert und verführt - mit fatalen Folgen[9]. Der menschliche Verstand, obgleich fehlbar und gelegentlich recht unzuverlässig, ist trotz allem die wertvollste Leitinstanz des Menschen. Das Prinzip des Menschenverstandes ist der offenbarten Wahrheit auch darum überlegen, weil es die Anerkennung der Verantwortung des Menschen, seiner Selbstbestimmung als eines denkenden Wesens ins Zentrum stellt. Der Mensch kann seiner Verantwortung im Diesseits nicht entgehen - keine Religion, keine Führerfigur kann ihm diese abnehmen. Deshalb ist mir die Maxime von Feuerbach - *„nur wer denkt, ist frei und selbstständig"*[10] - viel sympathischer.

Auch religiöse Texte sollten die Denkfähigkeit des Menschen bejahen, fördern, anerkennen. Menschen, die ihre Denkfunktionen nicht angemessen entwickelt haben und sich selber dauernd in Frage stellen, sind später gefährdet und kommen im Leben in verschiedenen Belangen zu kurz. Wer nicht selbstständig zu denken vermag, kann leicht betrogen werden.

Statt einer Erziehung zur dauernden Selbsthinterfragung und zu fortwährendem Selbstzweifel - beides zentrale Bestandteile eines Minderwertigkeitskomplexes - ist das Gegenteil nötig: Bejahende, ermutigende Eltern, Bezugspersonen und Freunde, die Ich-stärkend wirken und die gesunde Selbstbejahung - nicht narzisstische Selbstliebe - fördern. Menschen, die dauernd an sich zweifeln, ja gar verzweifeln, weil sie sich selber nicht akzeptieren und mögen, sind KandidatInnen sowohl für Formen der Depression wie für Suizidalität. Zudem sind sie so auf sich selbst zentriert, dass aktive und positive Beiträge zur Verbesserung der Gesellschaft auch im Kleinen kaum mehr möglich sind. Die noch vorhandene Energie wird statt dessen restlos dafür gebraucht, das angeschlagene Selbstwertgefühl nicht noch tiefer sinken zu lassen.

Zahllose psychologische und psychiatrische Studien belegen, dass fast alle psychischen Störungen mit Problemen des Selbstwertes einhergehen (vgl. Klosinski 1994). Deshalb müssten ethische und pädagogische Lehren und Texte daran gemessen wer-

den, wieweit sie die Entwicklung des Selbstwertgefühls der
Menschen fördern.

3.3 Was ist Gerechtigkeit?

Der biblische Gott bezeichnet sich selber ausdrücklich als gerecht: *„Heißt das nun, dass Gott ungerecht handelt? Keineswegs!"* (Römer 9, 14) Diese Aussage soll hier einer kritischen Prüfung unterzogen werden. Die bisher dargelegten und in den weiteren Kapiteln noch folgenden Beispiele widersprechen der biblischen Behauptung. Die göttliche Gerechtigkeit ist eine willkürlich angesetzte Gerechtigkeit eines launischen Despoten, die mit demokratischem Gedankengut (Gleichbehandlung, Fairness, Transparenz, Gerechtigkeit) nichts gemein hat. So verhärtet Gott beispielsweise nach seinem willkürlichen Ratschluss einen Teil der Juden: *„Denn zu Mose sagt er: ‚Ich schenke Erbarmen, wem ich will, und erweise Gnade, wem ich will.' Also kommt es nicht auf das Wollen und Streben des Menschen an, sondern auf das Erbarmen Gottes. Er erbarmt sich also, wessen er will, macht verstockt, wen er will. Nun wirst du einwenden: Wie kann er dann noch anklagen, wenn niemand seinem Willen zu widerstehen vermag? Wer bist du denn, dass du als Mensch mit Gott richten willst? Sagt etwa das Werk zu dem, der es geschaffen hat: Warum hast du mich so gemacht?"* (Römer 9, 15-20) Diese Argumentation verrät Willkür und Ungerechtigkeit. So verhalten sich vielleicht extrem autoritäre und launische Eltern zu ihren Kindern - aber ein unendlich gütiger, gerechter, weiser und lieber Gott („Gott ist Liebe" so 1 Joh. 4, 16) gegenüber erwachsenen Menschen, gegenüber ganzen Völkern? Zudem denkt und handelt ein solcher Gott aus moralpsychologischer Sicht infantil. Von einer autonomen, selbstbestimmten Moral keine Spur; nach Kohlbergs Moralkategorien (vgl. Kapitel 7) wird dem erwachsenen Menschen nur die erste Stufe zugesprochen. Auf dieser Stufe ist laut Kohlberg das Kind (!) bestrebt, sich die Anerkennung und das Wohlwollen der Erwachsenen (meistens der Bezugspersonen) zu holen und erhalten sowie deren Normen ohne zu hinterfragen zu übernehmen. Regeln der Eltern werden noch meistens wortwörtlich befolgt. Das Verhältnis Mensch-Gott als Spiegel der Beziehung zwischen Kleinkind und Eltern? Wiederum verlangt der biblische Gott: Regression. Ich-Stärke, Selbstvertrauen, Zweifel oder Mündigkeit in der Meinungsbildung gefährden die uneingeschränkte göttliche Herrschaft. Gott bietet ein fragwürdiges moralisches Vorbild. Nicht einmal in der heutigen Erziehungspraxis oder in der Pädagogik wird ein solch ungerechtes, willkürliches und infantilisierendes Verhältnis propagiert. jedem Kleinkind wird in der Regel mehr Respekt und Achtung entgegengebracht als es der biblische Gott erwachsenen Menschen gegenüber tut.

Die bekannteste biblische Geschichte (und ein besonders eindrücklicher Beleg für die göttliche Willkür) ist die Geschichte von Kain und Abel. Was ist passiert? Die beiden Söhne von Adam und Eva wollen sich Gott dankbar erweisen und opfern ihm einen Teil ihrer Habe: *„Der Herr schaute auf Abel und sein Opfer, aber auf Kain und sein Opfer schaute er nicht. Da überlief es Kain ganz heiß, und sein Blick senkte sich."* (1. Mose 4, 4-5) Kain fasst die Reaktion Gottes verständlicherweise als Verschmähung auf und ist sehr unglücklich. Mit der Ablehnung seines Opfers bricht für Kain die Welt zusammen. Erzählt diese Geschichte nicht im Grunde von einem grausamen, völlig unbegründeten Willkürakt Gottes? Wird hier nicht eine krasse Ungerechtigkeit verherrlicht? Menschliche Gerechtigkeit und Güte gibt es hier nicht; gerecht ist, was Gott befiehlt oder durchsetzt - so ungerecht, unverständlich, unlogisch und widersprüchlich das auch sein mag. Credo, quia absurdum (ich glaube, weil es gegen die Vernunft ist), meinte schon der berühmt-berüchtigte Kirchenvater Tertullian (ca. 150-225). Der himmlische Vater hatte Kain verstoßen und seinen Bruder grundlos vorgezogen. Ist dieser seltsame Gott nicht zumindest mitschuldig beim anschließenden Mord an Abel, da ein Akzeptiertwerden bei diesem Gott ja überlebenswichtig war?

Nun lässt sich zu Recht einwenden, dass auch Eltern oder staatliche Institutionen ungerecht handeln können. Im Gegensatz zu Gott sind diese Instanzen aber nicht unfehlbar und dürfen angezweifelt und kritisiert werden. Auch Diskussionen sind möglich, bezüglich staatlicher Institutionen auch Gesetzesänderungen. Die göttliche Gerechtigkeit hingegen bleibt unveränderbar, nicht kritisier- und diskutierbar. Zudem legen beide Geschichten nahe, dass Ungerechtigkeiten hingenommen, hinuntergeschluckt werden müssen. Schließlich wird auch der Kern des Problems verschoben und umgedeutet: Gläubige müssen die eigene Wahrnehmung und damit verbundene Gefühle - je nachdem Wut, Zweifel, Angst oder Unverständnis über Gottes unerforschliche Handlungsweise - verdrängen, verleugnen und damit entwerten. So lernen unter Umständen christlich Erzogene, ihrer Wahrnehmung grundsätzlich zu misstrauen - und damit schließt sich der Kreis: Zur Förderung des Selbstzweifels, das Thema des vorherigen Kapitels.

3.4 Zum Beispiel: Absoluter Gehorsam

Absoluter Gehorsam und Unterwerfung unter eine häufig despotische und unhinterfragbare Autorität sind wichtige Merkmale und Forderungen im Alten und Neuen Testament. An unzähligen Stellen in den unterschiedlichsten Bibeltexten findet sich immer wieder dieses zentrale Verlangen des biblischen Gottes nach uneingeschränktem und unhinterfragbarem Gehorsam (vgl. dazu auch das Kapitel 3.12). Wer das nicht einhält, indem er z. B. - aus der Sicht des biblischen Gottes - falsche Götter anbetet, wird mit einer Plage bestraft: *„Und der Herr schlug das Volk mit Unheil, weil sie das Kalb gemacht hatten, das Aaron anfertigen ließ"* (2. Mose 32, 35 - in der zwinglianischen Bibelübersetzung wird es noch deutlicher formuliert: ... weil das Volk das goldene Kalb angebetet hatte). Nebenbei: Hier finden wir anderen Religionen und Bekenntnissen gegenüber eine intolerante und überhebliche Einstellung. Der biblische Gott kennt nur den Gehorsam: Sonst wird gedroht - und bei Nichtbefolgen gestraft. Der folgende längere Auszug vermittelt ein eindrückliches Bild dieses Denkmusters: *„Aber wenn ihr auf mich nicht hört und alle diese Gebote nicht befolgt (die vorher seitenweise dargestellt werden. J. F.) so tue ich euch folgendes an: Ich biete gegen euch Bestürzung auf, Schwindsucht und Fieber, die das Augenlicht zum Verlöschen bringen und den Atem ersticken. Ihr sät euer Saatgut vergeblich; eure Feinde werden es verzehren ... Wenn ihr dann immer noch nicht auf mich hört, fahre ich fort, euch zu züchtigen; siebenfach züchtige ich euch für eure Sünden ... Eure Kraft verbraucht sich vergeblich, euer Land liefert keinen Ertrag mehr ... Ich lasse auf euch die wilden Tiere los, die euer Land entvölkern, euer Vieh vernichten und euch an Zahl so verringern, dass eure Wege veröden ... Ich lasse über euch das Schwert kommen ... Zieht ihr euch in eure Städte zurück, so sende ich die Pest in eure Mitte, und ihr geratet in Feindesland. Ich entziehe* *euch dann euren Vorrat an Brot ... Und wenn ihr daraufhin noch immer nicht auf mich hört ... Ihr esst das Fleisch eurer Söhne und Töchter ... häufe eure Leichen über die Leichen eurer Götzen und verabscheue euch. Ich mache eure Städte zu Ruinen ... Euch aber zerstreue ich unter die Völker und zücke hinter euch das Schwert. Euer Land wird zur Wüste, eure Städte werden zu Ruinen ... In das Herz derer, die von euch überleben, bringe ich Angst in den Ländern ihrer Feinde; das blasse Rascheln verwelkter Blätter jagt sie auf, und sie fliehen, wie man vor dem Schwert flieht; sie fallen, ohne dass jemand sie verfolgt ... Diejenigen von euch, die dann noch überleben, siechen dahin in den Ländern eurer Feinde wegen ihrer Sünden, auch wegen der Sünden ihrer Väter, so dass sie, gleich ihnen, dahinsiechen."* (3. Mose 26, 14-39)

Solche furchtbaren Drohungen widersprechen aus heutiger Sicht in krasser Weise dem Recht auf Glaubens-, Gewissens- und Religionsfreiheit. Artikel 18 der UNO-Menschenrechtserklärung von 1948 hält unzweideutig fest, dass dieses Recht die Freiheit umfasst, *„seine Religion oder seine Überzeugung zu wechseln, sowie die Freiheit, seine Religion oder seine Überzeugung allein oder in Gemeinschaft mit anderen, in der Öffentlichkeit oder privat ... zu bekunden."* Auch die Wiener Erklärung von 1993 betont nochmals ausdrücklich das Recht, sich zur eigenen Religion bekennen zu dürfen (Artikel 19). Die in zivilisierten Demokratien mehr oder weniger gewährleisteten Errungenschaften der Gewissens-, Religions- und Meinungsfreiheit sind unter solch massiven Drohungen, wie sie in den obigen Stellen ausgesprochen werden, im biblischen Kontext gar nicht möglich. Moralpsychologisch appelliert dieser Gott zudem an die Angst vor Strafe - nach Piaget die erste und einfachste Stufe in der Moralentwicklung des Kindes zum Erwachsenen! Ein solcher Gott ist ein angsteinflößendes und intolerantes Wesen, das man/frau nicht aus freien Stücken wirklich lieben und achten kann. Möglich sind so höchstens ambivalente Angstbindungen, die ein Pendeln zwischen Angst und Wut beinhalten. Ist dieser Gott mit der Formel „Gott ist Liebe" (1 Johannes 4, 16) in Übereinstimmung zu bringen? Liebe bzw. Achtung kann und soll nur aus freien Stücken, ohne massivste Drohungen aufgebracht werden. Der biblische Gott will aber offenbar vor allem gefürchtet werden. Aus purer Todesangst sollen die Menschen gehorchen. Wozu? Verwundert nun noch die Intoleranz kirchlicher Kreise während Jahrhunderten gegenüber andersgläubigen oder nichtgläubigen und freidenkerischen Menschen? Die Verquickung von weltlicher und geistlicher Macht in Europa über Jahrhunderte mit all den bekannten fürchterlichen Folgen findet ihre Legitimation in der Bibel. Gehorsam gegen die Obrigkeit ist Pflicht für jedermann: gegenüber der weltlichen wie der geistlichen. Das Gottesgnadentum, die Legitimation der Herrscher von Gottes Gnaden: Die Bibel liefert die theoretischen Grundlagen. Widerstand gegen die weltliche Obrigkeit ist sinnlos und falsch, da diese von Gott eingesetzt und damit in Ordnung ist. So lassen sich natürlich auch jegliche soziale Veränderungen oder Revolutionen verhindern. Was ist also möglich? Gehorchen, Gutes tun (einverstanden!) und alles Verlangte leisten, von der Bezahlung der Steuern bis zur Bewunderung und Ehrbezeugung der Despoten: *„Jeder leiste den Trägern der staatlichen Gewaft den schuldigen Gehorsam. Denn es gibt keine staatliche Gewaft, die nicht von Gott stammt; jede ist von Gott eingesetzt. Wer sich daher der staatlichen Gewalt widersetzt, stellt sich gegen die Ordnung Gottes, und wer sich ihm entgegenstellt, wird dem Gericht verfallen. Von den Trägern der Macht hat sich nicht die gute, sondern die böse Tat zu fürchten ... Deshalb ist es notwenig, Gehorsam zu leisten, nicht allein aus Furcht vor der Strafe, sondern vor allem um des Gewissens willen."* (Römer 13, 1-7) Im anschließenden Absatz wird sogar der Begriff der Liebe neu definiert: Die Liebe ist die Erfüllung des Gesetzes! (Römer 13, 10) Hier existiert wiederum keine Meinungsfreiheit. Damit wird die Menschenwürde eines jeden mit Füßen getreten.

Vergleichen wir dieses Denken mit Auffassungen des 20. Jahrhunderts. Der Staatsrechtler Thomas Fleiner schreibt: *„Wer in diese innere Freiheit des Menschen eingreift (der biblische Gott tut dies dauernd - J. F.), verletzt dessen innere Würde. Wer somit von der Würde des Menschen spricht, muss den Freiraum akzeptieren, den der Mensch braucht, um sich seine eigene Meinung zu bilden und dem entsprechend sein Handeln zu bestimmen. Er muss ferner dem Menschen die Möglichkeit geben, sich selbst nach seinem Zukunftsplan zu entfalten. Jede Zwangsmaßnahme, die seine Entscheidungsfreiheit wesentlich beeinträchtigt, ist ein Angriff auf die Würde des Menschen. Entscheidungsfreiheit gehört zum innersten Wesen des Menschen."*[11] Die Aussagen Fleiners widersprechen eindeutig dem biblischen Drohmuster, das in krasser Form die menschliche Würde und psychische Integrität missachtet und zerstört. Aussagen zum absoluten Gehorsam, gepaart mit Drohungen bei Nichteinhalten, können in der Erziehung wie im gesellschaftlich-staatlichen Leben verheerende Folgen haben: Kriege, Massenelend, Ängste, Unselbstständigkeit, Korruption und vieles mehr. In bestimmten Situationen ist der Widerstand gegen staatliche Anordnungen sogar nötig: Ich denke beispielsweise an mutige Menschen wie den Schweizer Polizeikommandanten Grüninger, der in den 1930er Jahren gegen die staatlichen Anweisungen Hunderte von Juden und Jüdinnen die Grenze passieren ließ und so viele Menschenleben rettete, oder an Aktionen von Greenpeace gegen die sogenannte legale Entsorgung von atomar verseuchten Materialien im Meer.

Schauen wir uns eine kleine Auswahl aus den zehn Geboten, einem Kernstück des biblischen Glaubens, an (vgl. 2. Mose 20, 3. Mose 19, Markus 10, 17-19 sowie Römer 13, 8-10). Für viele Menschen, die sich als wenig religiös bezeichnen, gelten zumindest die zehn Gebote als ethische Richtschnur oder ethische Basis. Was beinhalten diese Gebote bei kritischer Analyse neben zum Teil und mit Einschränkungen tatsächlich unterstützenswerten Aussagen auch noch? Nachfolgend einige Beispiele.

„Du sollst nicht die Ehe brechen" lautet z. B. ein Gebot. Was tun, wenn Ehepaare, die sich tatsächlich nicht verständigen können und - durch den massiven Einfluss der katholischen Kirche - sich nicht scheiden lassen dürfen? Warum sollen sie und unzählige unschuldige Kinder darunter leiden? Was ist, wenn der eine Ehepartner den anderen misshandelt, peinigt? Was schlägt dann die Bibel vor?

„Du sollst nicht töten." Für mich ist dieses Gebot eines der schönsten und wichtigsten der Bibel, überzeitlich gültig und leider immer noch aktuell - denken wir an die wieder zunehmenden Todesstrafen in den USA oder China. Leider wird dieses Gebot von Gott selber unzählige Male - erinnert sei nur an die folgenden Kapitel 3.5 oder 3.6 - nicht eingehalten. Gott tötet oder droht mit dem Tod in unzähligen Geschichten.

„Du sollst nicht stehlen, du sollst keinen Raub begehen." Auch dies erachte ich als sinnvolles und aktuelles Gebot. Aber: Der gleiche Gott rechtfertigt grobe materielle und soziale Ungleichheiten und Ungerechtigkeiten zwischen den Menschen (vgl. dazu auch die Geschichte von Kain und Abel). Unterdrückte, ausgebeutete Sklaven sollten diesem Gebot zu Recht nicht nachkommen. Ein solches Gebot hat nur in einer faireren, demokratischeren Gesellschaft, wo nicht eine große Mehrheit der Bevölkerung von einer prassenden Minderheit unterdrückt wird, einen Sinn. Wie soll ein armer Indio in Mexiko oder ein ausgebeuteter Landarbeiter in Brasilien angesichts der Armut, der Aussichtslosigkeit, die eigene Familie auch nur annähernd ernähren zu können, den hohnsprechenden Reichtum einer bestimmten Schicht seiner Landsleute in seinem Land einfach hinnehmen?

„Ehre deinen Vater und deine Mutter." Sofern die Eltern ihre Kinder fair behandeln, ist diese Aussage sinnvoll. Mir fehlt aber in der Bibel das Gegenstück: Die Eltern sollten ihre Kinder, die ihnen ja weitgehend ausgeliefert sind, ebenfalls ehren und re-

spektvoll behandeln. In diesem Kapitel etwas später zitierte Bibelpassagen *("wer seinen Vater oder seine Mutter verflucht, wird mit dem Tode bestraft."* 2. Mose 21, 24-26) lassen diese Umkehrung nicht zu. Ebenso plädiert die Bibel bekanntlich für Prügelstrafe und Gewalt gegenüber Kindern (vgl. dazu auch das Kapitel 3.10).

"Du sollst deinen Nichsten lieben wie dich selbst." Ich halte dieses Gebot für äußerst wichtig und zentral. Allerdings behaupte ich (vgl. dazu besonders auch die Kapitel 3.2/3.11), dass die Verinnerlichung dieser Haltung im Laufe der psychischen Entwicklung des Kindes zum Erwachsenen im Rahmen einer an biblisch orientierten ethischen Standards ausgerichteten Erziehung nicht oder nur bruchstückhaft möglich ist. Die dauernde Anklage an den schlechten, sündigen Menschen, die immer wieder angedrohte psychische oder physische Vernichtung der angeblich Un-, Irr- oder Schwachgläubigen, die Infragestellung der psychischen Integrität, Selbstachtung und Autonomie des Einzelnen lassen psychologisch betrachtet eine echte Selbst- und Mitmenschenliebe gerade nicht zu. Andere Menschen lieben kann nur, wer sich selber akzeptieren und lieben kann. Dafür ist u. a. eine einfühlsame, verständnisvolle, nicht-autoritäre und kooperative Erziehung notwendig. Die Bibel vertritt - vor 2000 Jahren verständlicherweise - ein anderes Menschenbild (vgl. dazu besonders das Kapitel 3.11).

"Du sollst dir kein Gottesbild machen." Warum eigentlich nicht? Warum dieses Imaginations- und Denkverbot? Die Kirchen haben sich nie an diese Vorschrift gehalten, weil es psychologisch unmöglich ist, an etwas zu glauben, etwas zu ehren ohne ein Bild, eine Vorstellung davon haben zu können. Besonders für Kinder ist das völlig unmöglich. Zusätzlich verlangt Gott, dass die Menschen keine anderen Götter neben ihm haben dürfen (ebd.) Warum sollen Menschen nicht weitere Götter haben und verehren, z.B. einen Liebesgott? Warum keine freie Konkurrenz unter mehreren Göttern? Der beste wird sich dann

im freien Spiel der Kräfte und Leistungen durch seine besonderen Vorzüge gegenüber anderen Göttern - etwa durch seine besonders sozialen Taten und hilfreichen Einwirkungen auf das Leben der Menschen -, durchsetzen. Hat der biblische Gott diese Drohung nötig, bietet er zu wenig, um freiwillig verehrt zu werden? Die autoritäre Aufforderung macht misstrauisch, erinnert an Diktaturen, wo bei ‚Wahlen' ebenfalls keine Alternativen zum Herrscher bestehen. Wozu braucht dieser Gott diese von Angstgefühlen beeinflusste Anbetung? Psychologisch gedeutet verrät sich dahinter ein eigenes starkes Defizit in der Ich-Entwicklung. Die außerordentlich starke Eifersucht im nächsten Zitat legt eine solche Deutung nahe. Gott charakterisiert sich gleich selber wie folgt: *„Denn ich, der Herr, dein Gott, bin ein eifersüchtiger Gott, der die Schuld der Väter heimsucht bis ins dritte und vierte Geschlecht an den Kindern derer, die mich hassen..."* (5. Mose 5, 9). Wie soll ein solcher Gott bezeichnet werden? Als unerbittlich rachsüchtig, ungerecht? Was können die unschuldigen Kinder bis ins vierte (!) Geschlecht für die angeblichen Fehler ihrer Vorfahren dafür? Gott will die Furcht der Menschen vor ihm aufrechterhalten und vertiefen durch Donnerschläge, Blitz, Posaunenschall und einen rauchenden Berg (ebd.). Wozu das Ganze? Warum das Volk nicht durch Menschlichkeit, Toleranz und Hilfe für sich zu gewinnen suchen? Die geforderte unterwürfig-knechtische Haltung kommt auch darin zum Ausdruck, dass das System der Sklaverei überhaupt nicht in Frage gestellt wird (das zeigt übrigens auch das zehnte Gebot): Sklaven kann man für sechs Jahre kaufen und arbeiten lassen, um sie schließlich im siebten Jahr (ohne Entgelt!) freizulassen (2. Mose 21, 1-3). Angesichts der obigen Zitate erscheinen dann Äußerungen wie die folgenden als krasse Widersprüche und tönen fast zynisch: *„Herr, deine Güte reicht, so weit der Himmel ist, deine Treue, so weit die Wolken ziehn. Deine Gerechtigkeit steht wie Berge Gottes ... denn bei dir ist die Quelle des Lebens ..."* (Psalmen 36, 6-10).

Nicht-Gläubige und Abtrünnige haben mit schwersten Strafen zu rechnen. An unzähligen Stellen der Bibel rechnet Gott erbarmungslos und in wütendem Eifer ab: *„Doch alle Abtrünnigen und Sünder werden zerschmettert. Wer den Herrn verlässt, wird vernichtet."* (1. Jesaja 1, 28). Warum erträgt der unendlich gütige, weise und vollkommene Gott nicht einige Ungläubige, Atheisten, Abtrünnige? Wozu lässt er sie nicht leben? Warum müssen alle an diesen Gott glauben, ihm dienen? Hat er den Beifall aller nötig? Fühlt er sich durch einige harmlose SkeptikerInnen und Freigeister so bedroht, ist er so schwach? Hier lassen sich unendliche, grandios-narzisstische Bedürfnisse und massive Ich-Defizite des biblischen Gottes ausmachen. Kein weltlicher Herrscher hat meines Wissens je verlangt, dass die ganze Menschheit ihn verehrt und bejubelt. Die meisten waren und sind mit gewissen Territorien und Nationen zufrieden - nicht so der biblische Gott. Die Drohungen gegenüber potentiellen oder tatsächlich „Abtrünnigen" fördern die Ängste der Gläubigen vor eigenen Zweifeln. Um diese betäuben, verdrängen und abspalten zu können, sind Gläubige gezwungen und legitimiert, solche „Abweichler" zu bekämpfen. Die Aufteilung der Menschen in Gute und Böse wird damit gefördert; Intoleranz und Arroganz gegenüber den Menschen auf der „falschen" Seite sind weitere mögliche Folgen.

Die Bibel propagiert auch - im klaren Widerspruch zum 5. Gebot, das unzweideutig ein *„Du sollst nicht töten"* fordert - die Todesstrafe: *„Wer einen Menschen schlägt, sodass er stirbt, der soll getötet werden."* Die weltliche Organisation Amnesty International setzt sich seit Jahrzehnten gegen solche inhumanen Vorstellungen und Praktiken ein und verlangt ein einwandfreies Gerichtsverfahren für den Täter - selbstverständlich lehnt Amnesty International die Todesstrafe ab. Jeder halbwegs zivilisierte Staat verfährt heute mit StraftäterInnen menschlicher und gerechter als der biblische Gott. Der Folgesatz schließlich ist noch erschreckender und sollte zwei Mal gelesen werden: *„Wenn er ihm* *aber nicht aufgelauert hat, sondern Gott es durch seine Hand geschehen liess, werde ich dir einen Ort festsetzen, an den er fliehen kann."* (2. Mose 21, 12-13). Gott darf durch Menschenhand töten - die göttliche Untat wird im Bibeltext noch sprachlich verschleiert. In den nachfolgenden Sätzen wird die erschreckende Intoleranz und Willkürlichkeit des biblischen Gottes nochmals deutlich: *„Wer seinen Vater oder seine Mutter schlägt, wird mit dem Tod bestraft ... Wer seinen Vater oder seine Mutter verflucht, wird mit dem Tod bestraft."* (2. Mose 21, 15-17) Nochmals: Hat das *„Du sollst nicht töten"* so noch einen Sinn, wenn es unzählige Male nicht nur relativiert, sondern sogar in sein Gegenteil verkehrt wird? Und: Wer hat noch nie über Vater oder Mutter geflucht? Vielleicht gelegentlich sogar einmal zu Recht? Warum diese absolute und ungerechte Strenge? Und wenn misshandelte Kinder zurückschlagen? Sollen sie also getötet werden? Ist das gerecht? Die Strafmaße werden im Folgetext exakt dargelegt:

„Leben für Leben, Auge für Auge, Zahn für Zahn, Hand für Hand, Fuß für Fuß, Brandmal für Brandmal, Wunde für Wunde, Strieme für Strieme. Wenn einer seinem Sklaven oder seiner Sklavin ein Auge ausschlägt, soll er ihn für das ausgeschlagene Auge freilassen." (2. Mose 21, 24-26). An anderer Stelle wird diese Haltung nochmals bekräftigt: *„Wer Menschenblut vergießt, dessen Blut wird durch Menschen vergossen. Denn: Als Abbild Gottes hat er den Menschen gemacht"* (1. Mose 9, 6). Der böse, blutrünstige Mensch ein Abbild Gottes? Brauchen wir einen solchen Gott? Ist eine solche Ethik verantwortbar? Diese unselige „Auge-um-Auge, Zahn-um-Zahn-Logik" hat im Laufe der Menschheitsgeschichte schon so zu viel unermessliches Leid angerichtet. Wir brauchen heute eine großherzigere, empathischere und tolerantere mitmenschliche Einstellung und andere, friedlichere und gewaltfreie, zwischenstaatliche Konfliktbewältigungsmuster.

Begriffe wie Christus, der Messias, Retter; Bezeichnungen wie

Herrgott, Gottvater, Heiliger Vater usw. erinnern an ein Führerprinzip: Eine solche Konfession wird den Erfordernissen eines demokratischen Gesellschaftssystems in keiner Weise gerecht. Eine echte Demokratie braucht unabhängige, autoritätskritische, selbstverantwortliche, sozialverträgliche, freundliche, gütige und mündige Menschen, die sich für menschenwürdige Lebensverhältnisse und soziale Gerechtigkeit einsetzen. Solche Menschen werden nicht mit Drohungen, Einschüchterungen, Gewaltakten und harten Strafen geschaffen.

Wie sagte doch Diderot schon vor 200 Jahren: *„Durch Vernunft, nicht durch Gewalt soll man die Menschen zur Wahrheit führen."* [12]

Echte Religionsfreiheit beinhaltet vor allem auch das uneingeschränkte Recht, seine eigene - oder eben keine - Religion zu wählen.

3.5 Du sollst nicht hinschauen

Viele Erzählungen der Bibel offenbaren ihren Inhalt erst bei mehrmaliger und kritischer Lektüre. Besonders wer die Geschichten aus der Kindheit kennt, entdeckt die untergründigen und fragwürdigen Aspekte erst als Erwachsene/r. Als Beispiel dafür soll hier einer der verbreitetsten Texte behandelt werden.

Eine bekannte Geschichte aus der Bibel, die auch in vielen bebilderten Kinderbibeln erzählt wird (vgl. dazu das Kapitel 4), berichtet von Noah und der Sintflut. Gott, der die Menschen nach seinem Ebenbild geschaffen hat, kommt zum Eindruck, dass *„auf der Erde die Schlechtigkeit des Menschen zunahm und dass alles Sinnen und Trachten seines Herzens immer nur böse war."* (1. Mose 6, 5). Warum hat er sie dann nicht von Anfang an gut geschaffen? Gott kann ja alles: Kein Sperling fällt vom Dach ohne sein Wille. Nun: Gott ist bekümmert über sein Werk und beschließt: *„Ich will den Menschen, den ich erschaffen habe, vom Erdboden vertilgen."* Nur Noah, *„ein gerechter, untadeliger Mann unter seinen Zeitgenossen"* wird von diesem Plan ausgenommen. Wieso schafft Gott in seiner unendlichen Güte und Weisheit nur einen Menschen, der die geplante und durchgeführte Vernichtung überleben wird? Und: Ist dieser Noah tatsächlich ein leuchtendes Vorbild für die Menschen? Kaum, denn Noah ist wohl gottesfürchtig, aber kein Freund der Menschen: Er hat die Menschen nicht gewarnt oder darauf hingearbeitet, dass Gott ein Einsehen hätte und von seinem Vernichtungsplan Abstand nimmt. Dann hätten nicht alle Menschen kläglich ertrinken müssen. Noah scheint vielmehr ein großer Egoist zu sein: Seine Haut will er retten, der Rest ist ihm egal. Kein Widerstand, kein Bitten, kein Bedauern, keine Träne über die schreckliche Katastrophe, die sein Herr plant und durchführt - auch nachträglich nicht.

Gott beschließt also, alle Menschen von der Erde zu vertilgen:

Nur Noah, seine Frau, die drei Söhne und von allen Tieren je ein bis sieben Paar(e) sollen auf der Arche überleben. In vierzig Tagen und Nächten plant Gott mit seiner Sintflut alles Leben zu töten - und so stirbt alles nach seinem Plan. Aber erst nach 150 Tagen Regen hält Gott inne. In der Bibel wird dieser Holocaust für Mensch und Tier in dürren Worten - ohne das geringste Bedauern über das unermessliche Leiden für Menschen und Tiere - beschrieben; es ist mehrmals von „Vertilgen" die Rede: *„Da verendeten alle Wesen aus Fleisch, die sich auf der Erde geregt hatten, Vögel, Vieh und sonstige Tiere, alles, wovon die Erde gewimmelt hatte, und auch alle Menschen. Alles, was auf der Erde durch die Nase Lebensgeist atmete, kam um. Gott vertilgte also alle Wesen auf dem Erdboden, Menschen, Vieh, Kriechtiere und die Vögel des Himmels; sie alle wurden vom Erdboden vertilgt. Übrig blieb nur Noah und was mit ihm in der Arche war."* (1. Mose 7, 21-24) Die Wortwahl zeigt die Einstellung zu den getöteten Lebewesen. Ist das die Handlung eines gütigen, gerechten und weisen Gottes? Nebenbei erwähnt sei noch die Angabe von Noahs Alter: *„Noah aber war sechshundert Jahr alt, als die Flut über die Erde kam."* (1. Mose 7, 6). Noah stirbt schließlich im biblischen Alter von 950 Jahren! (1. Mose 9, 29). Aber Vorsicht! rufen die Theologen. Das ist ja alles nur symbolisch gemeint und darf nicht wörtlich interpretiert werden. Dann sind folgerichtig auch die zehn Gebote - etwa „Du sollst nicht töten" - nur symbolisch zu verstehen und sollen nicht wortwörtlich aufgefasst werden. So ist schließlich alles nur symbolisch gemeint:

Anything goes? Damit wird jegliche ethische Aussage der Bibel zur Farce, zum Spielfeld von Deutungen und Gegendeutungen.

Für bibelgläubige Menschen wird der nachfolgende Vergleich vermutlich ungeheuerlich erscheinen - leider sind die Aussagen in der Bibel eindeutig. Hitler, der den in der menschlichen Geschichte bisher brutalsten und umfassendsten Holocaust durchgeführt hat, vollzog sein mörderisches Werk an einigen Millionen Juden sowie Tausenden von Kommunisten, Homosexuellen, Roma, Behinderten und anderen Menschen. Und der biblische Gott? Laut Bibel werden alle Menschen (außer die erwähnten Ausnahmen) und Tiere durch die Wasserflut jämmerlich ertränkt, inklusive aller Kinder und Tiere - und dazu noch ohne jede Vorwarnung oder Chance, sich bessern zu können. Übrigens: Was können die letzten beiden Gruppen für die angeblichen Untaten der Menschen? Der biblische Gott führt sogar noch eine unvorstellbare Umweltkatastrophe (Überflutung aller Landstriche!) herbei: Können Sie sich überhaupt noch eine größere Erbarmungslosigkeit ausdenken? Paradoxerweise erscheint an diesem Beispiel der biblische Gott für AtheistInnen als weitaus harmloser als für Bibelgläubige: Für AtheistInnen ist die Sintflut lediglich eine inhumane und fiktive Geschichte, während sie für die letzteren je nach Glaubensvariante als Tatsache geglaubt oder zumindest symbolisch verstanden werden muss! Im Februar 1997 ließ Papst Johannes Paul II über die Medien verlauten, dass es keine zweite Sintflut geben wird. Selbst wenn spätere Generationen möglicherweise schwerer gesündigt hätten als die ersten - wiederum zeigt sich das schlechte Menschenbild -, werde Gott die Menschheit nicht erneut durch eine Sintflut vernichten. Gott habe dieses Versprechen in seinem Bund mit Noah gegeben.[13] Das ist erfreulich. Nur: Warum war dann die erste totale Katastrophe nötig? Oder hat sich die Menschheit aus göttlicher Sicht zum Positiven verändert?

Wenn für Sie die Sintflut-Katastrophe die einzige Vernichtungs-Geschichte darstellt, lohnt es sich, weitere ähnliche Geschichten anhand der folgenden Belegstellen zur Kenntnis zu nehmen.

Der berühmte Gang des Volkes Israel durch das geteilte Meer endet dank Gottes Intervention für die ÄgypterInnen in einer Katastrophe: *„So trieb der Herr die Ägypter mitten ins Meer. Nicht ein einziger von ihnen blieb übrig."* (2. Mose 14, 27-28) Soll diese Erbarmungslosigkeit Gottes ein Ratschlag für weltliche Kriegsherren darstellen? Welche Ethik und Pädagogik wird hier Erwachsenen und Kindern vermittelt? Ist der für Israel hilfreiche Gott tatsächlich ein menschlicher, gütiger Gott, ein Vorbild? Ein Gott, der alles vermag, hätte wohl noch andere, friedlichere Mittel zur Verfügung, um das Volk Israel zu schützen.

Der Völkermord geht auch an anderer Stelle vonstatten, und Mitleid mit den Opfern wird sogar verboten: *„Du wirst alle Völker verzehren, die der Herr, dein Gott, für dich bestimmt. Du sollst in dir kein Mitleid mit ihnen aufsteigen lassen."* (5. Mose 7, 16). Menschen empathische zwischenmenschliche Regungen verbieten zu wollen ist aus meiner Sicht etwas außerordentlich Gravierendes und fördert Gleichgültigkeit statt Mitmenschlichkeit. Mord ist demnach dann gerechtfertigt, wenn er im Namen Gottes praktiziert wird. Ganze Städte und Völker dürfen ausdrücklich ausgerottet werden (vgl. 5. Mose 2, 34). Aber auch „Treuelosigkeit" oder „Abtrünnigkeit" gegenüber Gott wird brutal bestraft. Die „Brut von Bösewichten" hat dem Herrn den Rücken zugewandt. Deshalb: *„Wehe dem sündigen Volk, der schuldbeladenen Nation, der Brut von Verbrechern, den verkommenen Söhnen! Der ganze Kopf ist wund, das ganze Herz ist krank: Vom Kopf bis zum Fuß kein heller Fleck."* (Jesaja 1, 4-6). Auffallend ist hier besonders die absolute, totale Sprache, das kategorische Schwarz-Weiß-Denken; Zwischentöne fehlen gänzlich: Die Legitimation zu unmenschlichem Handeln muss zuerst emotional aufgebaut werden. Und wiederum: *„Doch alle Abtrünnigen und Sünder werden zerschmettert. Wer den Herrn verlässt, wird vernichtet!"* (Jesaja 1, 28). Solche Texte fördern u.a. die Intoleranz gegenüber anderen - religiösen und nicht-religiösen - Auffassungen. Die Kinder der zu Bösewichtern erklärten Babylonier sollen vor den Augen ihrer Eltern zerschmettert und die ungeborenen Föten nicht geschont werden. Die Originalstelle lautet: *„Seht, der Tag des Herrn kommt, voll Grausamkeit, Grimm und glühendem Zorn; dann macht er die Erde* *zur glühenden Wüste, und die Sünder vertilgt er ... Dann bestrafe ich den Erdkreis für seine Verbrechen ... Die Menschen mache ich seltener als Feingold ... Dann wird der Himmel erzittern, und die Erde beginnt an ihrem Ort zu wanken wegen des Grimms des Herrn der Heere am Tag seines glühenden Zorns ... Man sticht jeden nieder, dem man begegnet: wen man zu fassen bekommt, der fällt unter dem Schwert. Vor ihren Augen werden ihre Kinder zerschmettert, ihre Häuser geplündert und ihre Frauen geschändet ... Ihre Bogen strecken die jungen Männer nieder; mit der Leibesfrucht haben sie kein Erbarmen, mit den Kindern kein Mitleid."* (Jesaja 13, 9-18) Woher und wozu dieser grenzenlose Hass? Solche Aussagen und Taten würden bei irdischen Tätern in einem Kriegsverbrecherprozess schwer geahndet werden. Wie hätten die Nürnberger Richter dies bestraft? Ich finde solche Stellen entsetzlich.

Weitere Mordaufrufe finden sich leicht, z. B. der folgende: *„So spricht der Herr, der Gott Israels: Jeder lege sein Schwert an. Zieht durch das Lager von Tor zu Tor! Jeder erschlage seinen Bruder, seinen Freund, seine Nächsten ... Vom Volk fielen an jenem Tage gegen dreitausend Mann."* (2. Mose 32, 27-28) Kriege werden als tapfere Taten bejubelt (vgl. 1. Samuel 14, 47) und zum Krieg gegen die Amalekiter heißt es: *„Weihe alle, was ihm gehört, dem Untergang! Schone es nicht, sondern töte Männer und Frauen, Kinder und Säuglinge, Rinder und Schafe, Kamele und Esel ... Das ganze Volk aber weihte er mit scharfem Schwert dem Untergang. Saul und das Volk schonten Agag (den König von Amalek. J. F.), ebenso auch die besten von den Schafen und Rindern, nämlich das Mastvieh und die Lämmer, sowie alles, was sonst noch wertvoll war. Das wollten sie nicht dem Untergang weihen. Nur alles Minderwertige und Wertlose (also Frauen, Kinder und Säuglinge! J. F.) weihten sie dem Untergang."* (1. Samuel 15, 3-9) Lassen sich noch grauenvollere Beschreibungen und Denkweisen vorstellen? Sind solche Äußerungen einer „heiligen" Schrift würdig? Ideologien über angeblich „Minderwertige" und „Wertlose" haben in diesem Jahrhundert zu unverstellbaren Folgen und Verbrechen geführt; die „Vernichtung unwerten Lebens" kostete Millionen von Menschen das Leben.

Die Mordgelüste des biblischen Gottes scheinen unstillbar und Schonung ist nicht seine Stärke. Gott gibt Mose den Befehl zur Ausrottung der Bewohner Kanaans und ihrer sogenannten Götzen: Die „Schuld" der Bewohner Kanaans bestand darin, dem falschen Gott gehuldigt zu haben - dies gilt als die einzige Rechtfertigung für die verbrecherische Tat. Die wichtigsten Stellen lauten wie folgt: *„Du sollst keinen Vertrag mit ihnen schließen, sie nicht verschonen ... So sollt ihr gegen sie vorgehen: Ihre Altäre sollt ihr niederreißen, ihre Steinmale zerschlagen, ihre Kultpfähle umhauen und ihre Götterbilder im Feuer verbrennen ... Dich hat der Herr, dein Gott, ausgewählt, damit du unter allen Völkern, die auf der Erde leben, das Volk wirst, das ihm persönlich gehört ... Denen aber, die ihm feind sind, vergilt er sofort und tilgt einen jeden aus; er zögert nicht, wenn einer ihm feind ist, sondern vergilt ihm sofort ... Du wirst alle Völker verzehren, die der Herr, dein Gott, für dich bestimmt. Du sollst in dir kein Mitleid mit ihnen aufkommen lassen und. Und du sollst ihren Göttern nicht dienen, denn dann liefest du in eine Falle."* (5. Mose 7, 2-16)

Was sagen diese Zeilen u.a. aus? Gott, der alle Menschen geschaffen hat, bestraft sie für Eigenschaften, die er ihnen eingegeben hat. Zudem verrät sich eine auffallend intolerante Einstellung gegenüber anderen Kulturen, Gebräuchen, Religionen. Für den biblischen Gott existiert nur eine richtige Kultur, ein richtiger Glaube, eine einzige verehrungswürdige Gottheit - alles andere ist verabscheuungswürdig und bietet deshalb Grund zu Unterdrückung und Vernichtung. Solches Gedankengut fördert Konflikte zwischen verschiedenen Religionen, rechtfertigt den Krieg und die Vernichtung anderer Menschen und tötet natürliche zwischenmenschliche Regungen wie das Mitgefühl ab. Missionare und christliche Eroberer haben die im Text beschriebenen rücksichtslosen und arroganten Ideen in neuentdeckten Gebieten in Amerika tausendfach in die Praxis umgesetzt. Die Folgen sind bekannt. Angesichts unserer multikulturellen Welt brauchen wir gänzlich andere ethische Standards als die biblischen. Die oben zitierten Stellen verraten zudem einen psychologisch primitiven moralischen Rigorismus und verletzen aus heutiger Sicht eine Vielzahl von UNO-Menschenrechtsartikeln (1948): So missachtet der biblische Gott u. a. das Recht auf Leben, Freiheit und Sicherheit (Artikel 3), das Verbot von Folter oder grausamer unmenschlicher Bestrafung (Artikel 5), den besonderen Schutz von Mutter und Kind (Artikel 25) oder das uneingeschränkte Recht auf Religionsfreiheit (Artikel 18).

3.6 Anthropologie und Zukunft der Skeptiker, Andersgläubigen, Atheisten...

Was hält die Bibel von Menschen, die nicht Christen sind? Nicht-mehr-Gläubige, „Abgefallene", „Abtrünnige", Zweifler an der Güte und Person Gottes, Skeptiker, Andersgläubige, Gottesverneiner, Freidenker oder sogenannte Gottlose erträgt der Bibelgott am allerwenigsten. Wieso eigentlich? Warum diese Ängstlichkeit wegen einiger Freigeister? Gefährden schon diese wenigen den Glauben?

Es ist aus psychologischer Sicht ein wichtiges Merkmal klinisch relevanten Narzissmus', dass der Narzisst immer im Mittelpunkt, der Grösste, Bewundertste, Einzige sein und bleiben will. Leider treffen auf den biblischen Gott alle diese Eigenschaften vollumfänglich zu. Der Gottlose gilt als verblendet, ihm fehlt - die Bibel wirft ihm dies ausdrücklich vor - das Erschrecken vor Gott (!), er schmeichelt sich selbst statt Gott. Er führt nur Schlechtes im Schilde, er ist ein Übeltäter; wiederum fällt das kategorische Schwarz-Weiß-Denken Gottes auf. Zwar rät Gott David, sich nicht über die gottlosen Bösewichte zu erhitzen, denn Gott wird ihn und alle anderen ausrotten: *„Der Frevler spricht ‚Ich bin entschlossen zum Bösen.' In seinen Augen kennt er kein Erschrecken vor Gott. Er gefällt sich darin, sich schuldig zu machen und zu hassen. Die Worte seines Mundes sind Trug und Unheil; er hat es aufgegeben, weise und gut zu handeln ... Denn die Bösen werden ausgetilgt ... eine Weile noch, und der Frevler (gemeint ist der ‚Gottlose': In der Zwingli-Bibel ist an dieser Stelle mehrmals von ‚gottlos' und ‚Gottlosigkeit' die Rede. Neuere Bibeln ersetzen die Begriffe Gottlosigkeit/gottlos/Gottlose mit Frevel/frevlerisch/Frevler - J. F.) ist nicht mehr da ... Der Frevler sinnt auf Ränke gegen den Gerechten und knirscht gegen ihn mit den Zähnen ... Die Frevler zücken das Schwert ... Denn die Arme der Frevler werden zer-*

schmettert ... Doch das Geschlecht der Frevler wird ausgetilgt ...
Sie werden für immer vernichtet. Die Sünder aber werden alle
zusammen vernichtet; Die Zukunft der Frevler ist Untergang.*
" (Psalmen 36, 2-4; Psalmen 37, 9-38) Gottlosigkeit als Berechtigung zur Vernichtung? Die kaum mehr zu überbietende Unduld-
samkeit gegenüber Anders- oder Nicht-Gläubigen belegt auch
die folgende Stelle: *„Wer glaubt und sich taufen lässt, wird gerettet; wer aber nicht glaubt, wird verdammt werden."* (Markus
16, 16) Wo bleiben hier Toleranz und Gerechtigkeit? Wo lebt an
dieser und an anderen ähnlichen Stellen das vielbesungene und
schöne Gebot *„Du sollst deinen Nächsten lieben wie dich
selbst"?* (3. Mose 19, 18. Vgl. auch Römer 13, 17 und 8-10)
Oder kann und darf der Anders- oder Nichtgläubige nicht der
Nächste sein?

Der Zorn des allmächtigen Gottes über die Gottlosen - die er ja
wie alle Menschen geschaffen hat! - ist grenzenlos, und um eine
Legitimation für sein Urteil über sie zu finden, muss er diesen
Menschen zuerst alle Schuld zuschieben. Wie macht er das?
Zum Beispiel so: *„Und da sie sich weigerten, Gott anzuerken-
nen (sie lehnen es ab, Gott als Autorität zu akzeptieren. J. F.), so
lieferte Gott sie einem verworfenen Denken aus, so dass sie tun,
was sich nicht gehört."* (Römer 1, 28-29) (Gemeint sind homosexuelle Handlungen. J. F.). Im Klartext: Wer sich Gott nicht un-
terwirft und an ihn als einzige göttliche Autorität glaubt, wird zu
„verworfenen Taten" (von Gott) ferngelenkt, um nachher abge-
urteilt zu werden. Sie werden mit allen nur erdenklichen negativen Eigenschaften besetzt und dämonisiert, keine einzige gute
Eigenschaft lässt sich finden, das bekannte absolute Schwarz-
Weiß-Denken findet ein weiteres Mal Anwendung: *„Sie sind
voll Ungerechtigkeit, Schlechtigkeit, Habgier, Bosheit, voll Neid,
Mord, Streit, List und Tücke, sie verleumden und treiben üble
Nachrede, sie hassen Gott, sind überheblich, hochmütig und
prahlerisch, erfinderisch im Bösen und ungehorsam gegen die
Eltern, sie sind unvernünftig und haltlos, ohne Liebe und Erbar-*

men." (ebd. 29-31) Eine negativere und einseitigere Beschreibung von Menschen lässt sich kaum mehr denken und wirkt direkt rassistisch: Denken Sie an die dämonisierenden nationalsozialistischen Darstellungen von Juden.

Interessant an dieser biblischen Aufzählung scheint mir, dass die meisten dieser Eigenschaften je nach Fallbeispiel exakt Merkmale des biblischen Gottes darstellen. Hier werden psychologisch betrachtet klassische Projektionen wirksam - ohne von den Bibelschreibern oder von den Bibel-LeserInnen als das erkannt zu werden.

Verwundert nun noch die jahrhundertelange Verfolgung und Diskriminierung Andersgläubiger, Skeptiker oder Atheisten durch die Kirchen und ihre Handlanger? Die erwähnten Bibelstellen rechtfertigen in kaum mehr zu überbietender Deutlichkeit die Verachtung, Entwertung, Benachteiligung, Verfolgung und Vernichtung aller Nicht-Christen. Aus heutiger Sicht sind solche Einstellungen - Intoleranz als Programm - geradezu gefährlich. Alle Weltanschauungen und Programme, die Menschen gegeneinander aufwiegeln und die einen auf Kosten der anderen aufwerten, sind aus friedenspolitischer Perspektive unerwünscht. Der Automatismus „Wer nicht an Gott glaubt, handelt verwerflich", findet sich an vielen weiteren Stellen, so z.B. auch hier: *„Die Toren sagen in ihren Herzen: ‚Es gibt keinen Gott'. Sie handeln verwerflich und schnöde; da ist keiner, der Gutes tut. Der Herr blickt vom Himmel herab auf die Menschen, ob noch ein Verständiger da ist, der Gott sucht. Alle sind sie abtrünnig und verdorben, keiner tut Gutes, auch nicht ein einziger. Haben denn all die Übeltäter keine Einsicht? Sie verschlingen mein Volk. Sie essen das Brot des Herrn, doch seinen Namen rufen sie nicht an. Es trifft sie Furcht und Schrecken; denn Gott steht auf der Seite der Gerechten."* (Psalmen 14, 1-5). Fazit: Ungläubige/Nichtgläubige sind schlechte und bösartige, Gläubige dagegen sind gute Menschen. Solche Aussagen missachten die elementarsten Menschenrechte, z.B. das Menschenrecht der Glaubensfreiheit (das auch die Freiheit, nicht oder an etwas anderes zu glauben, einschließt!), worauf sich sonst die Kirchen so unablässig berufen. Die im Zitat vermittelte ethische Formel lautet zusammengefasst etwa so: Wer nicht an (den biblischen) Gott glaubt, handelt verwerflich, tut nichts Gutes, ist unverständig und verdorben - und wird dafür bestraft werden (müssen). Man/frau spürt in dieser Bibelstelle leider nichts von der vielbesungenen christlichen Toleranz und Nächstenliebe.

Zwischendurch finden wir aber durchaus auch friedlichere Töne, ja sogar Aufrufe zum Frieden und zum Zusammenwirken: *„Lasst uns also nach dem streben, was zum Frieden und zum Aufbau (der Gemeinde) beiträgt."* (Römer 14, 19) Der Friede hält allerdings nicht lange an, wird er doch schon einige Zeilen später mit einer massiven Drohung wieder zunichte gemacht: *„Wer aber Zweifel hat, wenn er etwas isst, der ist gerichtet, weil er nicht aus der Überzeugung des Glaubens (an Gott und seine Anordnungen, J. F.) handelt. Alles aber, was nicht aus dem Glauben geschieht, ist Sünde."* (Römer 14, 23)

Die biblischen Drohungen können bei glaubenszweifelnden Christen (welcher Christ zweifelt nicht gelegentlich über einen solchen Gott?!) verheerende Folgen haben: Massive Selbstvorwürfe, quälende Selbstzweifel, belastende Schuldgefühle, starke und unkontrollierbare Ängste und anderes mehr. Eine häufige Variante, diesen unerträglichen Druck loszuwerden, besteht darin, eigene Zweifel, Ängste, eigene ungeliebte Eigenschaften und Schwächen bei sich abzuspalten und auf andere Menschen, vornehmlich „unchristliche", zu projizieren. Das schafft einerseits eine vermeintliche und zumindest kurzfristige Erleichterung, bringt den Gläubigen aber gleichzeitig in ein letztlich selbstschädigendes Gefühl von „Böser Außenwelt" und „Guter christlicher Welt". Die letztere ist natürlich klein und macht einsam. Selbstschädigend bleibt dieses Reaktionsmuster auch deshalb, weil damit eine feindselige Einstellung zur Welt und zur Menschheit gefördert wird und der Gläubige so vermehrt auf der

Hut vor den unzähligen Gefahren der nicht-christlichen Welt sein muss. Ich habe im Rahmen der Ausbildung zum klinischen Psychologen in psychiatrischen Kliniken mehrere solche schwer leidende Menschen erlebt und betreut.

Und schließlich: Wer nur unter solch massiven Drohungen wie in den erwähnten Stellen zum „richtigen" Glauben gelangt, übernimmt wenig Selbstverantwortung und tut das „Richtige" - oder das „Falsche" mehr aus Angst denn aus Einsicht und erarbeiteter Überzeugung. Das Ziel einer geglückten Sozialisation wäre aus identitätspsychologischer Sicht eine erarbeitete Identität - der christliche Gott verlangt und ermöglicht mit Drohen und Befehlen nur eine abgeleitete Identität: Der Mensch als Abklatsch oder Abglanz Gottes, unselbstständig, ohne eine eigene fundierte Meinung und Haltung.

Die erwähnten biblischen Aussagen verletzen aus heutiger Sicht - zum wiederholten Male (vgl. dazu z. B. das Kapitel 3.4) - das Recht auf Gedanken-, Gewissens- und Religionsfreiheit (Artikel 18 der UNO-Menschenrechtserklärung von 1948). Die Wiener Erklärung von 1993 betont ausdrücklich das Recht von Minderheiten - dazu zählen auch AtheistInnen, AgnostikerInnen, Angehörige anderer Glaubensrichtungen -, sich *„im privaten Rahmen und in der Öffentlichkeit frei und ohne Eingriffe oder irgendeine Form der Diskriminierung ... zu ihrer eigenen Religion zu bekennen."* (Artikel 18)

Die biblische Dämonisierung aller Nicht-Christen, besonders der Atheisten, widerspricht zudem auch wichtigen friedenspolitischen Bemühungen; die letzteren werden ja im oben erwähnten Römer 14, 19 ebenfalls angestrebt, allerdings mit gänzlich anderen Mitteln. Solange Anders- und Nichtgläubige benachteiligt und ausgegrenzt werden und als schlecht oder minderwertig gelten, ist keine friedlichere Welt möglich. Fleiner schreibt dazu: *„Der Friede der Völkergemeinschaft ist unteilbar und kann langfristig nur erhalten bleiben, wenn nicht nur Staaten und Völker, sondern auch die Menschen als gleichwertig und gleichbe-*

rechtigt anerkannt werden. "[14] Das bedingt auch, dass nicht nur das Recht auf Religionsfreiheit, sondern ebenso das Recht auf Religionslosigkeit - die Freiheit von Religion - konsequent gewährleistet sein muss.

Echte Religions- und Meinungsfreiheit ist meines Erachtens nur in einer säkularen Gesellschaft möglich, wo weder Kirchen noch nichtkirchliche Gruppen (z. B. AtheistInnen, FreidenkerInnen usw.) behindert oder privilegiert werden. Erst eine vollständige Trennung von Kirche und Staat legt die Basis für eine nicht-diskriminierende Denk- oder Glaubensfreiheit. Wirkliche Freiheit beinhaltet immer auch die Freiheit des Andersdenkenden. Vor dieser banalen Einsicht haben sich über Jahrhunderte die christlichen Kirchen hartnäckig verschlossen; später sind leider auch weitere, allmachtsorientierte Gruppen und Parteien, so etwa die Kommunisten in Osteuropa, diesem Wahn verfallen. Die großen Kirchen haben sich bisher nur für ihre Freiheit eingesetzt - Ausnahmen in der Dritten Welt bestätigen die Regel -, und sich lauthals beklagt, wenn sie eingeschränkt wurden oder ihrer Privilegien verlustig gingen. Sobald sie die Position der führenden Ideologie-Unternehmungen einnehmen konnten, waren ihnen die Freiheiten der Andersdenkenden egal. Die aktuelle Geschichte liefert auch heute genügend Beispiele. Die Kirchengeschichte kann deshalb auch als eine Geschichte der Zwangs-Monopolisierung der religiösen Überzeugungen und Meinungen gelesen werden - denn: Außerhalb der Kirche ist kein Heil. Der letzte Satz gilt für die römische Kirche bis heute!

3.7 Die Geringschätzung der Frauen

Welche Haltung nimmt die Bibel zur Stellung der Frau ein? Welche Rolle weist sie ihr zu? Fördert sie die - aus heutiger Sicht notwendige - Gleichberechtigung und Gleichwertigkeit von Frau und Mann? Nein. In der Bibel wird in patriarchalisch geprägten Bildern das Weibliche häufig in polare Gegensätze gespalten: die Heilige und die Hure, Maria und Eva. Die berühmte Geschichte von der unbefleckten (!) Empfängnis von Maria beinhaltet: Eine massive Entwertung der natürlichen menschlichen Sexualität und Schwangerschaft und damit eine unakzeptable Verachtung und Geringschätzung der Frau. Zudem wird hier das Denken des Menschen, seine Vernunft, beleidigt: Wer zum Glauben solcher Geschichten angehalten oder gar verpflichtet wird, verliert die Fähigkeit zum klaren Denken. Menschen, die solche Glaubensmuster übernehmen, sind schließlich empfänglich für weitere unlogische und realitätsferne Theorien.

Die sogenannte heilige Schrift konstruiert in patriarchalischen Mythen, die angesichts der Erkenntnisse der Evolutionstheorie und der Psychologie am Ausgang des 20. Jahrhunderts völlig überholt sind, die Abhängigkeit und Zweitrangigkeit bzw. Minderwertigkeit des weiblichen Geschlechts; besonders klar ersichtlich ist dies am Beispiel der „Geburt" Evas aus Adams Rippe (vgl. 1. Mose 2, 18-33). Die patriarchale Weltordnung ist ein Spiegel der göttlichen Hierarchie: *„Ihr sollt aber wissen, dass Christus das Haupt des Mannes ist, der Mann das Haupt der Frau ... die Frau aber ist Abglanz des Mannes. Denn der Mann stammt nicht von der Frau, sondern die Frau vom Mann."* (1. Korinther 11, 3-8). Wozu sind aber überhaupt Frauen da? Auch hier bekommen wir eine klare Antwort: *„Der Mann wurde auch nicht für die Frau geschaffen, sondern die Frau für den Mann."* (1. Korinther 11, 9) Und: Sie soll Kinder gebären (vgl. 1. Tim. 2, 15). Solche Bilder rechtfertigen und fördern patriarchalische

Partnerschaftsvorstellungen und verhindern eine gleichwertige und gleichberechtigte Beziehung zwischen Frau und Mann.

Frauen sind im biblischen Kontext immer wieder gefährlich, hinterlistig - und sie wollen die Männer ins Verderben, in den Abgrund führen. Deshalb gibt uns Männern Jesus Sirach (9, 2-9) folgende Tips und Verhaltensregeln mit auf den Weg: *„Liefere dich nicht einer Frau aus, damit sie nicht Gewalt bekommt über dich."* Das würde wohl das göttlich vorgegebene Gewaltverhältnis Mann-Frau unliebsam verändern - zugunsten der Frau. Jede Frau, auch eine Unbekannte, ist potentiell gefährlich: *„Nah dich nicht einer fremden Frau, damit du nicht in ihre Netze fällst."* Hier wird die Frau als auflauernder Vamp und Männerfängerin verunglimpft. Aber auch Saitenspielerinnen sind gefährlich, weil man *„durch ihre Töne gefangen wird".* Unklar bleibt dem nach der biblischen Lektüre vorsichtig gewordenen Zeitgenossen, ob heute wohl auch noch Pianistinnen, Geigerinnen oder Cellistinnen in diese Kategorie männergefährdender Lebewesen gehören. Natürlich sind schöne Frauen besonders gefährlich, denn diese (ver)führen besonders rasch ins Verderben. Lassen sich da überhaupt noch Vorkehrungen treffen? Jesus Sirach empfiehlt der bedrohten Männer-Welt eine zugleich einfache wie geniale Methode: *„Verhüll dein Auge vor einer reizvollen Frau, blick nicht auf eine Schönheit, die dir nicht gehört."* Das darf offenbar nur der lizenzierte Besitzer dieses Prachtstücks.

Wer im Umgang mit dem verderbten weiblichen Geschlecht trotz dieser Empfehlungen und Ermahnungen immer noch unvorsichtig ist und die damit verbundenen tödlichen Gefahren übersieht - nun, dem ist dann wohl nicht mehr zu helfen. *„Wegen einer Frau kamen schon viele ins Verderben, sie versengt ihre Liebhaber wie Feuer."* (ebd.)

Das schlechte biblische Frauenbild fördert die Entzweiung der Geschlechter: Statt ein Loblied auf die Stärken und Vorzüge der Frauen zu singen, werden alle weiblichen Wesen als potentielle Unheilsbringerinnen diffamiert. Dass man solche Wesen nicht menschenwürdig behandeln muss, sie nicht als gleichwertige Partnerinnen sieht, ihnen elementare Rechte vorenthält, versteht sich von selbst.

Wie man mit schwangeren Frauen umgehen darf und wann man Frauen sogar sexuell missbrauchen soll, ist durch ein früher wähntes Zitat (Jesaja 13, 9-18) schon veranschaulicht worden. Hier nochmals: *„Vor ihren Augen werden ihre Kinder zerschmettert, ihre Häuser geplündert, ihre Frauen geschändet. Mit der Leibesfrucht haben sie kein Erbarmen."* (ebd.) Auch an anderen Bibelstellen lässt sich die Aufforderung zum sexuellen Missbrauch von Frauen (und sogar von Kindern!) als Belohnung für siegreiche Truppen erkennen; Erinnerungen an den Krieg in Ex-Jugoslawien werden wach: *„Nun bringt alle männlichen Kinder um und ebenso alle Frauen, die schon einen Mann erkannt und mit einem Mann geschlafen haben. Aber alle weiblichen Kinder und die Frauen, die noch nicht mit einem Mann geschlafen haben, lasst für euch am Leben!"* (4. Mose 31, 17-18) Auch männliche Kinder werden sexuell misshandelt: Alle männlichen Kinder, die älter als acht Tage sind, müssen als Zeichen des Bundes mit Gott beschnitten werden. (Vgl. 1. Mose 17, 12-14); wer nicht beschnitten ist, wird aus dem Stammesverband „ausgemerzt". Diese Aussagen verletzen aufs Schärfste den Artikel 5 der UNO- Menschenrechtserklärung, der diesbezüglich keine Zweifel offen lässt: *„Niemand darf der Folter oder grausamer, unmenschlicher oder erniedrigender Behandlung oder Strafe unterworfen werden."*

Die erwähnten Bibeltexte wären, wenn sie von Staaten praktiziert würden, einklagbar - leider werden sie praktiziert.

Frauen sind beschränkte Wesen, deren Meinung und Gedanken weniger wichtig sind als die der Männer - eine zur Zeit der Niederschrift der biblischen Texte verbreitete Einstellung. Das zeigt das folgende Zitat in prägnanter Kürze: *„Wie es in allen Gemeinden der Heiligen üblich ist, sollen die Frauen in der Versammlung schweigen; es ist ihnen nicht gestattet, zu reden. Sie* *sollen sich unterordnen, wie auch das Gesetz es fordert. Wenn sie etwas wissen wollen, dann sollen sie zu Hause ihre Männer fragen; denn es gehört sich nicht für eine Frau, vor der Gemeinde zu reden."* (1. Korinterbrief 14, 33-35) In Epheser 5 tönt es fast identisch: *„Die Frauen sollen sich den Männern unterordnen wie dem Herrn."* Eine übersichtlichere und einfachere Begründung patriarchaler Lebensformen lässt sich kaum mehr finden. Auch sollen (und können) Frauen als beschränkte Wesen nicht lehren - eine nur den Männern vorbehaltene Domäne -, sondern kuschen: *„Eine Frau soll sich still und in aller Unterordnung belehren lassen. Dass eine Frau lehrt, erlaube ich nicht, auch nicht, dass sie über ihren Mann herrscht; sie soll sich still verhalten."* Die Begründung ist ebenso einfach wie einfältig: *„Denn zuerst wurde Adam erschaffen, danach Eva. Und nicht Adam wurde verführt, sondern die Frau liess sich verführen und übertrat das Gebot."* (1. Tim. 2, 11-14) Wieder die alte Leier von der Sündhaftigkeit der Frau. Die Frau als ewige und dumme Verführerin. Die Hälfte der Menschheit soll - zumindest in der Öffentlichkeit - nichts sagen, schweigen. Wozu? Vor dem Hintergrund solcher Vorstellungen wird es verständlich, warum Frauen über Jahrhunderte im christlichen Kulturraum - z.T. bis heute - als minderwertige Wesen betrachtet und behandelt wurden: Hexenverfolgungen, Hexenprozesse und Hexenverbrennungen, Verweigerung des Frauenstimmrechts, weniger Lohn für gleiche Arbeit, massive Benachteiligungen im Berufsleben und in der Politik, Zweitrangigkeit im Familienrecht (der Mann als Oberhaupt der Familie), massive Diskriminierungen im Bildungswesen. Im Land des Vatikans - aber nicht nur dort - herrschten beispielsweise lange Zeit große Zweifel, ob eine Frau überhaupt fähig zum Studium an der Universität sei; Maria Montessori gelang schließlich nach erheblichen Widerständen als erste Frau in Italien 1896 der Studienabschluss in Medizin. An anderen Universitäten verliessen Professoren den Hörsaal, wenn eine Frau es wagte, eine Vorlesung besuchen zu wollen.

Das Frauenbild der Bibel verhindert natürlich auch eine Erziehung und Bildung, die laut der UNO-Menschenrechtserklärung von 1948 auch für Frauen *„die volle Entfaltung der menschlichen Persönlichkeit und die Stärkung der Achtung der Menschenrechte und Grundfreiheiten zum Ziele haben."* (Artikel 26) Wo das biblische Gedankengut am stärksten wirksam und realisiert wurde - im Vatikan - finden sich die Frauen in einer (höflich ausgedrückt) ausschließlich dienenden und gehorchenden Funktion. Alle wegweisenden Entscheidungen und wichtigen Posten sind in Männerhand. Als Faustregel kann gelten, dass in Ländern, in denen der Einfluss christlicher Kirchen - besonders der römisch-katholischen - groß ist, die Frauen gegenüber den Männern stark benachteiligt sind oder es wieder werden können:

Brasilien oder die Philippinen sind Beispiele für die erste, Polen für die zweite Variante. Die katholische Kirche maßt sich bis heute das Recht an, über den Körper und die Entscheidungsfreiheit der Frau verfügen zu können: So darf die Frau eine von ihr nicht gewollte Schwangerschaft nicht abbrechen. Tut sie es doch, wird dies vom Papst als schweres Verbrechen verurteilt. An diesem Beispiel zeigt sich wiederholt, wie wenig Eigenständigkeit und Wert der Frau von der männerbeherrschten Kirche zugebilligt wird. Keine Instanz hat das Recht, die natürlichen Rechte der Frauen bezüglich ihres Leben zu beschneiden.

Nebenbei: Ebenso unmenschlich ist das mehrfach in der Bibel vorzufindende rigorose Scheidungsverbot: Wer einmal als Paar „von Gott zusammengeführt wurde", darf unter keinen Umständen getrennt werden. Warum? Ganz einfach: *„Was aber Gott verbunden hat, das darf der Mensch nicht mehr trennen."* (Matthäus 19, 6). Befehl ist Befehl. Wortwörtlich findet sich diese Aussage auch bei Markus 10, 9. Welches psychische Elend solche Aussagen für die Partner und allfällig vorhandene Kinder bewirken können, interessiert den Befehlsgeber anscheinend nicht. Das biblische Scheidungsverbot widerspricht auch dem Artikel 12 der UNO-Menschenrechtskonvention, wo es heißt:

„Niemand darf willkürlichen Eingriffen in sein Privatleben, seine Familie ... ausgesetzt sein."

Eine weibliche Erziehung und Ausbildung, die auf den oben dargestellten Vorstellungen beruht, verhindert von vornherein eine gesunde psychische Sozialisation und Adoleszenz und verletzt die Wiener Erklärung der Menschenrechte aufs gröbste. Dort heißt es u.a.: *„Die Menschenrechte der Frauen und der minderjährigen Mädchen sind ein unveräußerlicher, integraler und unabtrennbarer Bestandteil der allgemeinen Menschenrechte. Die volle und gleichberechtigte Teilnahme der Frau am politischen, bürgerlichen, wirtschaftlichen, sozialen und kulturellen Leben auf nationaler, regionaler und internationaler Ebene und die Beseitigung jeder Form von Diskriminierung aufgrund des Geschlechts sind vorrangige Zielsetzungen der internationalen Gemeinschaft.*

Geschlechtsspezifische Gewalt und alle Formen sexueller Belästigung und Ausbeutung ... sind mit der Würde und dem Wert der menschlichen Person unvereinbar und müssen beseitigt werden." (Aus: Die Wiener Erklärung und das Aktionsprogramm der Weltkonferenz der Menschenrechte 1993, zitiert nach: UNESCO-Kurier Nr. 3/1994, S. 31)

Wie ich gezeigt habe, setzt die katholische Kirche bis heute ihre Kräfte für das Gegenteil ein.

Fördern die erwähnten frauenfeindlichen Einstellungen der Bibel die im Kapitel 3.1 erwähnten psychischen Voraussetzungen für eine gesunde psychische Entwicklung wie Urvertrauen, Geborgenheit, Selbstakzeptanz, Selbstwertgefühl, Kompetenzgefühl, Bestätigung des Menschseins und der Lebens- und Sinnesfreude? Eine Sozialisation zum zweitrangigen Wesen verhindert die Entwicklung und Entfaltung der vielfältigen Möglichkeiten der Mädchen und Frauen, beeinträchtigt ihre Lebenqualität und fördert Wut, Aggression, Minderwertigkeitsgefühle, Ängste u.a. Wer sich minderwertig fühlt, ist unglücklich. Das Frauenbild der Bibel führt so zum Heranwachsen unglücklicher Mädchen und

Frauen - was sich letztlich auf die Partner und die Kinder dieser Frauen ebenfalls ungünstig auswirkt.

Texte und Schriften, denen die Anliegen der Frau wichtig sind, müssen aus heutiger Sicht die Gleichwertigkeit und Gleichberechtigung von Frau und Mann in jeder Beziehung betonen und auf allen Ebenen fördern. Das sah auch die UNO-Menschenrechtserklärung von 1948 und gilt heute ebenso. So heißt es in der Präambel, dass die Völker der Vereinten Nationen *„die Gleichberechtigung von Mann und Frau erneut bekräftigt und beschlossen haben.“*[15]

Warum engagierte FeministInnen angesichts dieser Sachverhalte - weitere wie das voreheliche Sexualitätsverbot habe ich aus Platzgründen weggelassen - die Bibel als Frauen (!) verteidigen, und wie sie die Gleichwertigkeit der Frau aus der Bibel herauszulesen vermögen, bleibt mir ein Rätsel.

3.8 Die Rechtfertigung von Herrschaft und Sklaverei

Was sagt die Bibel zur Legitimierung von gesellschaftlichen Klassen oder zur Sklaverei? Wie haben sich Christen und Christinnen in staatlichen Verhältnissen zu verhalten? Römer 13, 1-6 beschreibt das prägnant. Spätere Könige, Kaiser und andere Despoten konnten sich leicht u. a. auf solche Stellen beziehen: *„Jeder leiste den Trägern der staatlichen Gewalt den schuldigen Gehorsam. Denn es gibt keine staatliche Gewalt, die nicht von Gott stammt; jede ist von Gott eingesetzt. Wer sich daher der staatlichen Gewalt widersetzt, stellt sich gegen die Ordnung Gottes ... denn in Gottes Auftrag handeln jene, die Steuern einzuziehen haben."*

Was rechtfertigen diese Aussagen? Herrscher sind durch Gottes Willen an der Macht, und autoritäre Regimes sind gottgewollt. Auch ungerechteste Gewaltverhältnisse lassen sich mit göttlichem Segen begründen. Das Volk muss ausharren und sich unterdrücken lassen statt auf eine aktive Veränderung ungerechter gesellschaftlicher und staatlicher Zustände hinzuarbeiten. Ungleiche Lebensverhältnisse, also z. B. auch verschiedene Klassen und Besitz- und Anspruchsverhältnisse, sind eben gottgewollt und gottgefällig: *„Jeder soll in dem Stand bleiben, in dem ihn der Ruf Gottes getroffen hat. Wenn du als Sklave berufen wurdest, so soll dich das nicht bedrücken; auch wenn du frei werden kannst, lebe lieber als Sklave weiter. Denn wer im Herrn als Sklave berufen wurde, ist ein Freigelasssener des Herrn."* (1. Korinther 7, 20-22) Kennen Sie eine perfidere Bejahung der Sklaverei? Die Korinther-Äußerung fördert auch tendenziell psychologisch eher fragwürdige Haltungen wie Resignation und Ergebenheit statt Tatendrang, Aktivität oder Einsatz zur Verbesserung der persönlichen Lebenssituation. So werden alle Tatsachen auf den Kopf gestellt: Wer unfrei ist, soll dankbar sein und sich einreden, dass er in Tat und Wahrheit frei sei. Seine Unfreiheit, Abhängigkeit und Unterdrückung sind nämlich nur eingebildet. Massivste Verleugnungsprozesse werden so verlangt und die Realitätswahrnehmung wird gestört. Hat er aber die Chance freizukommen, soll er freiwillig (lieber) Sklave bleiben! Ohne die Auflehnung gegen ungerechte Zwangs- und Ausbeutungsverhältnisse wäre es nie zur Französischen Revolution und damit zu demokratischeren und faireren gesellschaftlichen Verhältnissen gekommen. Die Rechtfertigung der göttlichen Autorität findet in der Kirche das entsprechende Gegenstück im sich als unfehlbar betrachtenden Papst. Es ist kein Zufall, dass die katholische Kirche - besonders der Vatikan - noch bis heute undemokratische Strukturen aufrecht erhält. Glücklicherweise halten sich immer weniger Christen an die verhängnisvollen Bibelworte und kirchlichen Vorschriften und engagieren sich in vielen Ländern gegen Diktatoren und autoritäre Zwangsregimes. Sie werden dabei allerdings von der römisch-katholischen Kirche in Rom kaum unterstützt, im Gegenteil. Befreiungstheologen werden gemaßregelt und kaltgestellt.

Eine ähnliche fragwürdige Haltung wie im Korinther-Zitat finden wir auch im Brief an Titus: *„Die Sklaven sollen ihren Herren gehorchen, ihnen in allem gefügig sein, nicht widersprechen ... damit sie in allem der Lehre Gottes, unseres Retters, die Ehre machen."* (Titus 2, 9-19)

Diese biblischen Postulate verletzen mehrere Artikel der UNO-Menschenrechtserklärung von 1948: Artikel 1 hält klar fest, dass alle Menschen frei und gleich an Würde und Rechten geboren sind. Das wird auch im Artikel 3 wiederholt. Artikel 4 verbietet jegliche Form der Sklaverei unmissverständlich:

„Niemand darf in Sklaverei oder Leibeigenschaft gehalten werden; Sklaverei und Sklavenhandel sind in all ihren Formen verboten." Zudem fehlt im Titus-Text das Recht auf freie Meinungsäußerung (Artikel 19).

Die Verbindung von christlicher Lehre und irdischer Knechtschaft bzw. von christlichem Glauben und Ausharren in ausbeuterischen Verhältnissen, die Aufgabe eigener (berechtigter) Wünsche, der blinde Gehorsam in göttliche und weltliche Befehle: All dies kommt im Dienstbotenbuch von 1832, veröffentlicht in Augsburg, sehr anschaulich zum Ausdruck. Unter dem Titel *Christliche Lehren und Trostworte* finden sich die folgenden eindrücklichen Aussagen, die das biblische Denkmuster folgerichtig weiterführen:

„1. Gott will, dass du ein Dienstbote seyn sollst, und was Gott will, das ist das Beste. Daher traue es der göttlichen Vorsicht einfältig zu, dass es für dich besser sey, Knecht oder Magd, Kinderwärterin oder sonst eine Art Dienstbote zu seyn, als etwas anders. Kein Sperling fällt zur Erde ohne den Willen des himmlischen Vaters, du bist ihm mehr als ein Sperling!

2. Gott hat dich berufen, anderen zu dienen. Aber dieser Beruf ist nur für dieses Leben und auch diese Lebenstage sind bald vorüber. Denn was das künftige Leben betrifft, so bist du auch so gut, als alle Herren und Frauen, als alle Könige und Königinnen durch Jesus Christus zur ewigen Freiheit, zur Miterbschaft des himmlischen Reiches berufen.

3. Du kannst als Dienstbote so fromm seyn, als in irgend einem andern Stande. Wenn du deiner Herrschaft treu dienest, so dienest du Gott. Und wenn du Gott redlich dienest, so bist du fromm genug. Nicht nur Beten ist Gott dienen; dich aus Gehorsam gegen Gott nach den Umständen richten, in die dich sein Wille gesetzet hat, auch das ist Gottesdienst. Herr! dein Wille geschehe! du hast es so gemacht.“[16]

Sowohl der biblische wie der Dienstboten-Text zeigen, warum keine Rebellion gegen Ungerechtigkeit möglich ist. Gottes unerforschlicher Wille und/oder die Vertröstung auf ein besseres Jenseits sind die mageren Versprechungen.

Generationen von Menschen sind von frühester Kindheit an zu Demut, Unselbstständigkeit, Kritiklosigkeit und Selbstlosigkeit gegenüber Autoritäten erzogen worden, und entsprechend leicht sind Kriege unter dem Schlachtruf „Für Gott, Kaiser (oder Führer) und Vaterland" entfesselt worden. Die Erziehung zu Unterwürfigkeit und unbedingtem Gehorsam widerspricht heutigem psychologisch-pädagogischem Wissen. Der Schweizer Kinderpsychiater Herzka (1989) empfiehlt deshalb eine „autoritätskritische Erziehung" und plädiert für eine *„Erziehung zur Kritik- und Widerspruchsfähigkeit".*[17] Wer Autoritäten kritiklos - d.h. ohne selber zu denken und die Aussagen und Versprechungen derselben zu prüfen - akzeptiert, läuft permanent Gefahr, missbraucht zu werden und im Leben letztlich zu kurz zu kommen.

3.9 Sexualität als Pathologie?

Fragwürdiges findet man als LeserIn auch bezüglich der sexuellen Frage: In den biblischen Ehe- und Keuschheitsgesetzen finden sich detaillierte, z. T. durchaus auch unterstützenswerte Aufforderungen (z. B. kein Geschlechtsverkehr mit Tieren), meistens aber aus heutiger Sicht unhaltbare Positionen. So wird etwa die Homosexualität als „Greuel" bezeichnet (3. Mose 18, 22). Nach 3. Mose 18, 29 gilt: *„Alle nämlich, die irgendeine dieser Greueltaten begehen, werden aus der Mitte des Volks ausgemerzt."* Und Römer 1, 26-27 spricht von Homosexualität als *„entehrenden Leidenschaften"*, von *„widernatürlichem Verkehr"*, von *„Unzucht"* und *„Verirrung"*.

Wie kann sich die Dämonisierung der Homosexualität auf Menschen auswirken? Aus einer Vielzahl von Falldarstellungen möchte ich kurz auf ein Beispiel des Theologen und Psychotherapeuten Noll (1989) eingehen, der Folgendes schildert: *„Ein Patient, der über seine homosexuelle Prägung nicht hinwegkam, hörte unter Satansgelächter des Teufels Befehl, sich auszulöschen, um dadurch unschuldige Knabenseelen vor der Verführung zu retten. Da er als katholischer Ordenspriester und angesehener Gymnasiallehrer immer wieder in einem Knabengymnasium eingesetzt wurde, war die Flucht in eine Wahnkrankheit für diesen bedauernswerten Patienten wirklich die für ihn letztlich unschädlichste Lösung. ... Zu ergänzen wäre nur noch, dass der Patient wegen akuter Suizidgefahr in eine Klinik eingeliefert werden musste. Kurz zuvor gab ein katholischer Dekan - also ein Priester, der für die Seelsorge an anderen Priestern besonders berufen ist - dem bei ihm beichtenden Patienten diesen ‚Trost': ‚Wahrscheinlich ist dieses Stimmenhören die Strafe für Ihre perverse Sünde. Schaun's, ich kann mich doch auch beherrschen, wenn ich einen Buben in viel zu kurzen Hosen sehe!'"* [18]

Wie sind andere Menschen über Jahrhunderte mit ihrer verbotenen Homosexualität zu Rande gekommen?

Unter Greuel verstehen die Bibeltexter allerdings nicht nur die Homosexualität, sondern auch die Sexualität des Mannes mit der menstruierenden Ehefrau, den Geschlechtsverkehr des Mannes mit einer Nachbarin und anderes mehr.

Sogar schon ein Seitensprung (= Ehebruch) muss laut 3. Mose 20, 10 mit dem Tod bestraft werden: *„Ein Mann, der mit der Frau seines Nächsten die Ehe bricht, wird mit dem Tod bestraft, der Ehebrecher samt der Ehebrecherin."* Hintergründe oder gar mildernde Umstände werden nicht erörtert. Ausführlich werden dagegen weitere „Unzuchtsverbrechen" abgehandelt: *„Ein Mann, der mit der Frau seines Vaters schläft, hat die Scham seines Vaters entblösst. Beide werden mit dem Tod bestraft. ... Schläft einer mit seiner Schwiegertochter, so werden beide mit dem Tod bestraft. ... Ein Mann, der mit seiner Frau während ihrer Regel schläft und ihre Scham entblösst, hat ihre Blutquelle aufgedeckt, und sie hat ihre Blutquelle entblösst; daher sollen beide aus ihrem Volk ausgemerzt werden."* (3. Mose 20, 11-19)

Sind das humane und brauchbare Ratschläge zur befriedigenden Gestaltung des Sexuallebens?

Natürliche menschliche Regungen und Triebe werden in der Bibel verpönt und durch Gott grausam bestraft, so beispielsweise auch die Masturbation. Onan lässt seinen Samen auf die Erde spritzen, weil er nicht mit der Witwe seines toten Bruders sexuell verkehren will. Das sollte eigentlich kein Problem sein: Jeder Mensch hat das Recht, seine Sexualpartner selber auszuwählen. Weit gefehlt! Dem biblischen Gott passt die selbstständige Entscheidung Onans nicht in seinen Plan: *„Was er tat, missfiel dem Herrn"* - nun, auch das könnte man ja als toleranter Zeitgenossen, der für Meinungspluralismus einsteht, noch schlucken -, aber es wird noch schlimmer, *„und so liess er ihn sterben."* (Genesis 38, 9-11) Solche Texte sind in einem bestimmten archaischen historisch-kulturellen Kontext aufgezeichnet worden, sind aber als Denkmuster wie für Ratschläge an heutige suchende

Menschen bezüglich sexual-ethischer Richtlinien mehr als problematisch.

Masturbation gilt (unter welchen Umständen und mit welchen Beweggründen auch immer) in der Bibel als Sünde. Gott hat zwar den Menschen mit all seinen Trieben und Bedürfnissen geschaffen, aber danach und damit leben soll er nicht - warum eigentlich? Sollen die Menschen ihre offenkundig natürlichen Impulse nach Massgabe Gottes unterdrücken und dabei im schlimmsten Fall gar psychische Knüppel werden?

Die psychosexuelle Entwicklung von Jugendlichen und die psychosexuelle Integrität von Erwachsenen werden mit solchen Denkfiguren massiv verletzt und gestört. Die psychologisch wichtige Abwesenheit von starken Schuldgefühlen (hier im sexuellen Bereich) wird ins Gegenteil verkehrt, übertriebene bis pathologische Schuldgefühle und psychosexuell gestörte Erwachsene können die Folgen sein. Die biblische Haltung in dieser Frage prägt die katholische Kirche mit ihrem Oberhaupt seit Jahrhunderten - bis heute. Die Folgen lassen sich in unzähligen Lebens- und Leidensgeschichten nachlesen. Die Sexualpathologie der biblisch-christlichen Religion und Kirche ist unübersehbar und sowohl innerkirchlich (vgl. z. B. Mynarek: *Eros und Klerus* 1980; Deschner: *Das Kreuz mit der Kirche* 1992; Drewermann: *Kleriker. Psychogramm eines Ideals* 1991) als auch klinisch-psychiatrisch (vgl. z. B. Watters: *Tödliche Lehre* 1995; Moser: *Gottesvergiftung* 1976; Bartholomäus: *Formungen und Verformungen der sexuellen Entwicklung durch religiöse Erziehung* 1994) vielfach belegt.

Aus einer Fülle von Beschreibungen soll als stellvertretendes Beispiel für die mögliche sexualpathologisierende Wirkung religiöser Erziehung und Unterweisung eine Erinnerung von Anette Dröge, geboren 1950, dienen. Sie schreibt:

„Ich habe einen guten Trick gefunden: Wenn ich meine Unterhose anziehe, während ich meinen Rock noch anhabe und dann die Schlafanzughose anziehe und danach erst den Rock aus,

dann brauche ich ‚da unten' nicht hinzusehen. ‚Da oben' habe ich glücklicherweise noch nichts. Will ich auch nicht. Noch so komisches Zeug am Körper, was aus irgendeinem Grunde äußerst schlecht und unanständig ist? ... Sexualität ist eine Sache, die mir unheimlich ist. Die christliche Lehre, dass das sowieso erst in der Ehe stattfinden darf, gefällt mir. Dann brauche ich ‚damit' noch nichts zu tun zu haben. Meine Familie, die mich doch katholisch erzogen hat, lacht mich inzwischen aus ... Haben die mir nicht beigebracht, dass es Unrecht ist, sich oder andere nackt anzusehen? Ich weiss es besser als sie: Sexualität ist wie ein großes, unheimliches, schlafendes Tier. Den Trieb, sagen die Priester, muss man beherrschen, sonst macht er einen kaputt wie ein tollwütiger Hund, der aus dem Zwinger gelassen wird. ... ‚Sie ist ja so schwierig', sagt meine Mutter. Meine Klassenkameradinnen lächeln über mich. Das gehört dazu: Wer den richtigen Glauben hat, muss eben leiden. "[19]

Natürlich können autobiographische Berichte nur Einzelschicksale wiedergeben. Doch auch die sind ernst zu nehmen. Religiöse Gewissensängste belasten viele religiös erzogene Jugendliche bei der Selbstbefriedigung und bei ersten sexuellen Erfahrungen. Bartholomäus (1994) kommt in seiner Darstellung zum interessanten Schluss, dass Kirchenbindung - und ich würde hier die Bibelbindung hinzufügen - die Sexualentwicklung nicht unterbindet, aber sie mit Hemmungen belastet und die eigene Aktivität erschwert.

Wahrscheinlich in kaum einem anderen Gebiet wie der Sexualität hat die biblisch-christliche Erziehung und Unterweisung zu verheerenderen Folgen geführt. Die an die Ehe gebundene Fortpflanzungssexualität verhindert bei gläubigen Jugendlichen die entwicklungspsychologisch notwendigen spielerischen Sexualerfahrungen und fördert Hemmungen und belastende Schuldgefühle. Bartholomäus stellt noch 1994 fest, dass die Lebensgeschichte vieler junger Menschen durch einschränkende kirchliche Sexualerziehung unnötig belastet wird.

Selten findet die geneigte Leserin biblische Aussagen zur freudigen Bejahung von Lustgefühlen und Sexualität: Verherrlicht werden nicht Lust, Lebensfreude und die entspannende Wirkung von gelebter und genossener Sexualität, sondern blinder Gehorsam, Triebverzicht, Triebunterdrückung, Verleugnung und Verdammung von sinnlichen Empfindungen und Gedanken. Eine schöne Ausnahme bildet das Hohelied im Alten Testament, das auch aus heutiger Sicht einen Lesegenuss darstellt und eine der wenigen Stellen repräsentiert, wo die Liebe in ihren vielfältigen schönen Seiten besungen und anschaulich beschrieben wird.

3.10 Familienbeziehungen: Von Prügel, Kindesmisshandlung und Weltflucht

Nach dem bisher Dargelegten erstaunt es wenig, wenn Gott, der auch nicht den geringsten Ungehorsam oder eine abweichende Denk- und Verhaltensweise der Menschen duldet, in familiären menschlichen Beziehungen ähnliche Maßstäbe empfiehlt.

Ungehorsamkeit eines Kindes kann durch Tötung ausgemerzt werden und die Morddrohung gegen das ungehorsame Kind wird pädagogisch gleichzeitig als Drohmodell eingesetzt: *„Wenn ein Mann einen störrischen und widerspenstigen Sohn hat, der nicht auf die Stimme seines Vater und seiner Mutter hört, und wenn sie ihn züchtigen und er trotzdem nicht auf sie hört, dann sollen Vater und Mutter ihn packen, vor die Ältesten der Stadt und die Torversammlung des Ortes führen und zu den Ältesten der Stadt sagen: Unser Sohn hier ist störrisch und widerspenstig, er hört nicht auf unsere Stimme, er ist ein Verschwender und Trinker. Dann sollen alle Männer der Stadt ihn steinigen und er soll sterben. Du sollst das Böse aus deiner Mitte wegschaffen. Ganz Israel soll das hören, damit sie sich fürchten."* (5. Mose 21, 18-21) Wir haben schon in einem früheren Kapitel gehört, wie mit Kindern, die ihre Eltern verfluchen, verfahren werden soll: *„Wer seinen Vater oder seine Mutter verflucht, wird mit dem Tod bestraft."* (2. Mose 21, 17)

Als Erziehungsratgeber in pädagogischen Fragen hat die Bibel über Jahrhunderte einen großen Einfluss via Prediger, Traktate und später die Schrift selber ausgeübt. Unfolgsame Kinder und Erwachsene gelten als schlechte Menschen. Die Bibel plädiert aus heutiger Sicht so für ein autoritäres Gehorsamsprinzip. Das Prügeln, Schlagen und Misshandeln der eigenen Kinder ist biblisch motiviert und legitimiert, zumindest auf zwei Ebenen. Zuerst einmal gilt der Mensch ja als durch und durch schlechtes, böses, hinterhältiges Wesen, das immer auf Sünde, Ungehorsam,

Lust usw. zielt. Das ganze Kapitel 3 variiert dieses grundlegende Menschenbild von verschiedenen Seiten. *„Niemand ist gut außer Gott, dem einen."* So lesen wir es beispielsweise bei Markus 10, 18. Zweitens missfällt dem biblischen Gott jeglicher Ungehorsam: Eine Eigenschaft, die er mit vielen weltlichen Herrschern teilt. Das autoritäre Verhältnis zwischen Gott und Mann findet seine Analogie im autoritären Mann-Frau-Verhältnis und der ebenso autoritären Beziehung zwischen Vater und Kind bzw. Mutter und Kind. Eltern, die Skrupel über die Unzulässigkeit von Schlägen und Prügel haben, werden des Besseren belehrt, ja sogar zur kindlichen Misshandlung aufgefordert: *„Wer die Rute spart, hasst seinen Sohn, wer ihn liebt, nimmt ihn früh in Zucht."* (Sprichwörter 13, 24) Nietzsche hätte dies wohl eine Umwertung aller Werte genannt:

Prügeln heißt lieben, nicht prügeln bedeutet hassen. Die Bibel als aktueller Ratgeber für Erziehende? Die Rechtfertigung von Prügel in der Erziehung wird schließlich auch noch mit dem Hinweis auf philosophische Tugenden untermauert: Wer möchte nicht Weisheit besitzen? Also: *„Rute und Rüge verleihen Weisheit, ein zügelloser Knabe macht seiner Mutter Schande."* (Sprichwörter 29, 15)

Die verheerenden Auswirkungen einer gewalttätigen Erziehung sind unübersehbar: Ängstliche, eingeschüchterte, seelisch häufig deformierte Menschen, die später Gefahr laufen, den eigenen Kindern das selber erlittene Unrecht meistens unbewusst weiterzugeben. Die Schweizer Psychologin Alice Miller hat in ihren Büchern *Am Anfang war Erziehung* (1980) und *Abbruch der Schweigemauer* (1990) eindrücklich und eindringlich auf die Folgen einer gewalttätigen Erziehung hingewiesen. Despoten und Diktatoren wie beispielsweise Stalin, Hitler, Ceausescu, der Lagerkommandant von Ausschwitz (Höss) und viele Kindesmissbraucher und Gewalttäter sind von ihren Bezugs- oder Pflegepersonen massiv misshandelt worden. Rudolf Höss, der berüchtigte Auschwitz-Kommandant, beschreibt in seinen Erinnerungen auf eindrückliche Weise seine eigene Erziehung. Er ist ein Musterbeispiel für mögliche Folgen einer autoritären, auf unbedingten Gehorsam zielenden Unterweisung; über seine Kindheit schreibt er: *„Durch das Gelübde meines Vaters, wonach ich Geistlicher werden sollte, stand mein Lebensberuf schon fest vorgezeichnet. Meine ganze Erziehung war darauf abgestellt. Ich wurde von meinem Vater nach strengen militärischen Grundsätzen erzogen. Dazu die tiefreligiöse Atmosphäre in unserer Familie. Mein Vater war fanatischer Katholik. ... Es stand für mich fest, dass ich unbedingt Missionar werden würde. ... In der Hauptsache verkehrten Geistliche aus allen Kreisen bei uns. Mein Vater wurde im Laufe der Jahre immer religiöser. Sooft es ihm seine Zeit erlaubte, fuhr er mit mir zu allen den Wallfahrtsstätten. ... Ich selbst war auch tief gläubig ... und nahm es mit meinen religiösen Pflichten sehr ernst. ... Ganz besonders wurde ich immer darauf hingewiesen, dass ich Wünsche oder Anordnungen der Eltern, der Lehrer, Pfarrer usw., ja aller Erwachsenen bis zum Dienstpersonal unverzüglich durchzuführen bzw. zu befolgen hätte und mich durch nichts davon abhalten lassen dürfe. Was diese sagten, sei immer richtig. Diese Erziehungsgrundsätze sind mir in Fleisch und Blut übergegangen. "[20]* Höss Schilderung zeigt - an vielen Stellen - auch die enge Verbindung von Erziehung und Religion in seiner Sozialisation. Seine Erziehung verhinderte ihm später offensichtlich ein Nachdenken, Hinterfragen oder gar Rebellieren gegen die Anweisungen seiner politischen Vorgesetzten und gegen seinen Führer, Hitler.

Auch der mehrfache Kindermörder Jürgen Bartsch erlitt in den 1950er und 1960er Jahren eine sehr gewalttätige Erziehung. Auch er war ein früh Eingeschüchterter: Kleiderbügel wurden an ihm kaputtgeschlagen, der Vater prügelte ihn halbtot und im katholischen Internat wurde er von Priestern zum stundenlangen Strammstehen, bis zum physischen Zusammenbruch, gezwungen.[21] Glücklicherweise führt nicht jede gewalttätige Erziehung zu einem späteren Gewalttäter, aber die Wahrscheinlichkeit dafür ist höher als bei nicht gewalttätig Erzogenen.

Dass Gewalt keine glücklichen Menschen erzeugen kann, belegt auch die Lebensgeschichte der Christiane F., deren Buch *Wir Kinder vom Bahnhof Zoo* (1979) für Aufsehen sorgte. Dieses Buch kann als ein erfolgloser Selbstheilungsversuch aus einer verzweifelten Kindheit verstanden werden. Den Krieg, den Christiane als Kind an sich erlebte, führte sie als Heranwachsende als Vernichtungskrieg mit Drogenmissbrauch und Prostitution gegen das eigene Selbst fort - bis heute.

Die oben zitierten biblischen Stellen verletzen mehrere UNO-Menschenrechtsartikel massiv:

1. Die Mose-Zitate (Steinigen, mit dem Tode bestrafen) stehen im diametralen Gegensatz zum Artikel 3 der UNO-Menschenrechtserklärung von 1948, die das Recht jedes Menschen auf Leben, Freiheit und Sicherheit betont.

2. Die Mose-Aussagen sowie die Sprichwörter fordern zu Verhalten auf, das Artikel 5 gerade ausdrücklich verbietet: *„Niemand darf der Folter oder grausamer, unmenschlicher oder erniedrigender Behandlung oder Strafe unterworfen werden."*

3. Bei der Anwendung der oben erwähnten Zitate in die pädagogische Praxis müsste nach den Artikeln der Kinderrechtskonvention von 1990 gleich drei Mal eingeschritten werden, denn: *„Die Pflicht des Staates"* ist es, *„das Kind gegen jede Form von Misshandlung durch seine Eltern oder andere Betreuungspersonen zu schützen sowie entsprechende Präventions- und Behandlungsprogramme anzubieten."* (Artikel 19). Konkret: Wer nach den erwähnten Bibelstellen erzieht, macht sich kinderrechtlich strafbar und bekäme im leichteren Fall vielleicht eine Erziehungsberatung amtlich zugeteilt, oder das Kind würde im schlimmeren Fall im Sinne einer Kinderschutzmassnahme der elterlichen Gewalt entzogen (Heimplatz usw.) Weiter hält Artikel 34 das Recht des Kindes vor Gewalt fest und Artikel 37 wiederspricht den Bibelautoren mit dem *„Verbot der Folter, grausamer Strafe oder anderer menschlicher oder erniedrigen-*

der Behandlungen, der Todesstrafe".

Die Auswirkungen einer autoritären, gewalttätigen Erziehung und Pädagogik sind - wie erwähnt - in unzähligen wissenschaftlichen Untersuchungen (vgl. z.B. Miller 1980, Rutschky 1983, Weber 1986 und Miller 1990) und autobiographischen Texten (vgl. z.B. H. Mann, *Der Untertan* oder L. Frank, *Die Ursache)* dokumentiert worden und sollten deshalb auch von Bibel-Gläubigen zur Kenntnis genommen werden. Dass eine biblisch-autoritär angewandte Erziehung kaum zu lebensfrohen, mündigen, selbstbewussten, Ich-starken, menschenfreundlichen oder verantwortungsbewussten Menschen mit einer differenzierten ethischen Orientierung (vgl. Kohlberg) führen kann, liegt nach dem Dargestellten auf der Hand. Natürlich werden - besonders heute - viele Menschen auf kooperativere Weise erzogen, und die religiöse Unterweisung beinhaltet dann freundlichere Gottesbilder. Es geht mir hier darum, auf die fragwürdige Variante einer autoritär-religiösen Erziehung hinzuweisen, die mit Angst, Unterwerfung, blindem Gehorsam und Gewalt verbunden ist.

Dem biblischen Gott sind Familienbeziehungen immer wieder suspekt. Das ist auch nicht verwunderlich, weil die Familienmitglieder untereinander starke Bindungen eingehen, die für eine außerfamiliäre absolute Gefolgschaft ein Hindernis darstellen können. Die Familienfeindlichkeit Jesus zeigt sich u.a. in der folgenden berühmt gewordenen Stelle: *„Wenn jemand zu mir kommt und nicht Vater und Mutter, Frau und Kinder, Brüder und Schwestern, ja sogar sein Leben gering achtet, dann kann er nicht mein Jünger sein."* (Lukas 14, 26) Seine Jünger entreißt er ihren Berufen und ihren Familien, einen lässt er nicht einmal seinen soeben gestorbenen Vater beerdigen: *„Folge mir nach; lass die Toten ihre Toten begraben!"* (Matthäus 8, 22) In einem anderen Evangelium wird Jesus wie folgt zitiert: *„Denkt nicht, ich sei gekommen, um Frieden auf die Erde zu bringen. Ich bin nicht gekommen, um Frieden zu bringen, sondern das Schwert. Denn ich bin gekommen, um den Sohn mit seinem Vater zu entzweien* *und die Tochter mit ihrer Mutter und die Schwiegertochter mit ihrer Schwiegermutter; und die Hausgenossen eines Menschen werden seine Feinde sein. Wer Vater und Mutter mehr liebt als mich, ist meiner nicht würdig, und wer Sohn oder Tochter mehr liebt als mich, ist meiner nicht würdig. Wer das Leben gewinnen will, wird es verlieren; wer aber das Leben um meinetwillen verliert, wird es gewinnen.* " (Matthäus 10, 34-39) Wenn es um den Konflikt der Loyalität zu Jesus oder zur Ursprungsfamilie geht, ist Hass und kriegerischer Streit angesagt, denn die biblische Gefolgschaft bedeutet: *„Brüder werden einander dem Tod ausliefern und Väter ihre Kinder, und die Kinder werden sich gegen ihre Eltern auflehnen und sie in den Tod schicken. Und ihr werdet um meines Namens willen von allen gehasst werden.* " (Matthäus 10, 21-22)

Hier werden innerfamiliärer Hass und Entzweiung gepredigt. Die Liebe zu Gott wird höher gestellt als die Liebe zu den engsten Familienmitgliedern. Das erbarmungslose Ringen um die Loyalität ihrer Anhänger kennzeichnet viele problematische sektenartige Gruppierungen: Die Urspungsfamilie und weitere wichtige Bezugspersonen wie Partner werden abgewertet, als schlecht hingestellt, um die neue Loyalität zur Sekte und zum Führer zu zementieren. Die Polarisierung in eine Welt von ‚wir' gegen ‚sie' ist auch für Jesus wichtig. Unbedingte Gefolgschaft lässt sich nur mit der permanent verinnerlichten Gewohnheit der Vorsicht gegenüber anderen Menschen - der „Außenwelt"- erreichen. Folgerichtig ermahnt darum Jesus seine Jünger zu Argwohn und Misstrauen gegenüber den Nicht-Migliedern: *„Seht"*, spricht er zu ihnen, *„ich sende euch wie Schafe mitten unter die Wölfe; seid daher klug wie die Schlangen und arglos wie die Tauben! Nehmt euch aber vor den Menschen in acht! Denn sie werden euch vor die Gerichte bringen und in ihren Synagogen auspeitschen.* " (Matthäus 10, 16- 17) Oder: *„Hütet euch vor den falschen Propheten; sie kommen zu euch wie (harmlose) Schafe, in Wirklichkeit aber sind sie reißende Wölfe.* " (Matthäus 7, 15)

Als solche falschen Propheten erweisen sich leicht alle, die sich auf irgendeine Weise Jesus und seiner Botschaft entgegenstellen oder entgegenzustellen scheinen: Anders- und Nichtgläubige, Zweifler, Kritiker usw. Können sich derart indokrinierte Menschen noch unter den Mitmenschen, in der „Außenwelt" zurechtfinden, sich wohlfühlen, Toleranz und Einfühlungsvermögen gegenüber Nicht-Mitgliedern praktizieren?

Und schließlich als weitere fragwürdige Folge: Die Liebe zum Leben, zu diesem Leben, soll gegen eine fragwürdige überirdische „Beziehung" eingetauscht - oder besser weggeworfen - werden. Welt- und Lebensflucht, Missachtung seiner Familienangehörigen und Familienverpflichtungen, Abbruch und Verrat wichtiger Beziehungen: Fördern solche Ratschläge befriedigende zwischenmenschliche Beziehungen in der Familie? Lösen derartige Geschichten anstehende Probleme und Nöte von Eltern, Paaren und Kindern?

3.11 Was ist der Mensch?
Über Menschenbild, Integrität und Selbst(ver)achtung

Wieweit fördert das biblische Denken die Integrität und Selbstachtung des Menschen? Wie beurteilt die Bibel die Natur des Menschen?

Das biblische Bild vom Menschen ist denkbar schlecht: Schon unsere Urahnen Adam und Eva haben gesündigt und die folgenden Generationen tragen alle den Makel der Erbsünde in sich. Dieses düstere Menschenbild durchzieht wie ein roter Faden das Buch der Bücher; der Mensch gilt als grundsätzlich schlecht, sündig, verdorben: *„Ich weiß, dass in mir, das heißt in meinem Fleisch, nichts Gutes wohnt."* (Römer 7, 18) An einer anderen Passage wird dieses entwicklungspsychologisch fragwürdige Menschenbild bestätigt: *„Denn das Trachten des Menschen ist böse von Jugend an."* (1. Mose 8, 21) In zahlreichen biblischen Geschichten wird das schlechte Verhalten der Menschen - schlecht aus der Sicht des biblischen Gottes - gerügt, beklagt und häufig massiv bestraft. Auch der Kreuzigungs- und Wiederauferstehungsmythos ergibt letztlich den Sinn, die Lehre der Erbsünde abzustützen: Der schreckliche Tod Christi am Kreuz war nötig, weil der Mensch so schlecht ist. Unabhängig davon, wieviel „Freude" und „Dankbarkeit" ein Christ über dieses zweifelhafte „Geschenk" Christi haben soll und kann: Am Ende steht fest, dass seine Sündhaftigkeit Gott zu dieser extremen Hinrichtungsart trieb.

Das Verhältnis von Mensch zu Gott stellt sich immer wieder als ein Ringen um Eigenständigkeit und Unabhängigkeit von Gott (in der Bibel als frevlerisch, gottlos und sündig bezeichnet) und dem anschließenden Unterwerfen des Menschen unter Gott dar. An vielen Stellen wird deutlich: Die Beziehung von Mensch zu Gott ist unwürdig. Das ist auch wenig verwunderlich, wird doch den Menschen pausenlos Angst eingejagt, gedroht und ihr Denken und Fühlen mit schrecklichen Drohungen und dunklen Verheißungen paralysiert. So nimmt das Verhältnis vom Menschen zu Gott vielfach Ansätze von Masochismus (und das Verhältnis von Gott zum Menschen Ansätze von Sadismus) an: *„Denn Gott tritt den Stolzen entgegen, den Demütigen aber schenkt er seine Gnade. Beugt euch also in Demut unter die mächtige Hand Gottes, damit er euch erhöht, wenn die Zeit gekommen ist. Werft alle eure Sorgen auf ihn, denn er kümmert sich um euch."* (1. Petrus 5,5-7)

Mit der Unterwerfungsforderung ist gleichzeitig ein verlockendes, aber auch an infantilen Wünschen orientiertes Angebot verknüpft: Wer möchte nicht gerne seine Sorgen bequem loswerden! Der schon wiederholt gedemütigte und Ich-geschwächte Mensch beginnt schließlich „Freude" an masochistischen Praktiken und Leiden zu entwickeln, heißt es doch dazu in Psalter 18, 36: *„ Wenn du mich demütigst, machst du mich groß. "* Der Christ soll sich von seinem Gott demütigen lassen. Eine häufige biblische Forderung. Wozu? Wo und wie lässt der so psychisch misshandelte Mensch seine Wut und sein Leiden aus? Externalisiert doch meistens an Schwächeren, an Kindern, Frauen, AusländerInnen, internalisiert in Form von psychosomatischen Symptomen oder neurotischen Störungen.

Es ist aus der Entwicklungspsychologie hinlänglich bekannt, dass der heranwachsende Mensch für eine gesunde psychische Entwicklung eine bejahende und ermutigende Umgebung benötigt, die berechenbar ist und eine angemessene Sicherheit bietet. Die Psychologie lehrt, wie wichtig eine positive Einstellung zu sich selber und die Bejahung der eigenen Person mit all ihren Vorzügen und Schattenseiten sowie der angemessene Gebrauch der Sinne und Triebe (Beispiel Sexualität) für die geistig-emotionale und körperliche Gesundheit ist. Psychisches Wohl-

befinden ist erst bei einer hinreichend vorhandenen Selbstachtung und Selbstakzeptanz möglich - was nicht mit Eitelkeit oder
Narzissmus zu verwechseln ist. Psychische Gesundheit setzt
auch ein Mindestmass an Erfahrungen der Selbstwirksamkeit
voraus:

Das Kind macht dabei die Erfahrung, dass es etwas bewirken
kann, dass seine Anstrengungen auch zu Erfolgen führen, die es
sich dann zuschreiben kann. Nach biblischer Auffassung hingegen muss das Selbst gedemütigt werden. Die Briefe von Paulus
beispielsweise enthalten viele Warnungen gegen Eigenliebe:
*„Wir haben durch Christus so großes Vertrauen zu Gott. Doch
sind wir dazu nicht von uns aus fähig, als ob wir uns selbst etwas zuschreiben könnten; unsere Befähigung stammt vielmehr
von Gott."* (2. Korinther 3, 4-5; vgl. auch Philipper 2, 3 und Ko-
losser 3, 12) Solche Aussagen verhindern die Entwicklung eines
gesunden Selbstvertrauens und untergraben schon vorhandene
Ansätze und die Bildung von Ich-Stärke, was entwicklungspsychologisch als eines der wertvollsten Güter des Menschen gilt.
Sich selbst zu lieben wie den Nächsten - die biblische Forderung
bei Matthäus 5, 43, - ist im biblischen Kontext kaum realisierbar,
da durch die andauernden und massiven Drohungen Gottes die
Angst im Vordergrund steht und die Identität bedroht ist: Vertrauen und Selbstbejahung können nur in einer Atmosphäre rela-
tiver Angstfreiheit entstehen und andauern. Die Bibel legt deutlich nahe, dass für den Menschen nur eine von Gott abgeleitete
Identität möglich ist. Der Bibelgläubige kann sich entwicklungspsychologisch also keine eigenständige Identität erarbeiten; es
ist ihm nur ein Leben mit einer abgeleiteten Identität möglich
und erlaubt.

Zur persönlichen Identität und Integrität gehören auch unsere
Sinne und die entsprechenden Sinnesorgane, denn die meisten
Menschen schätzen ihre körperliche Unversehrtheit zu Recht als
ein hohes Gut ein. Das bedeutet, dass ein sorgsamer Umgang mit
sich selber auch den somatischen Bereich beinhaltet. Der bibli-

sche Gott sieht das anders: Oberstes Kriterium ist sein Sündenbegriff, dem sich alles andere - auch das Leben - völlig unterzuordnen hat, ja Gott ruft sogar ausdrücklich zur leichtfertigen Selbstverstümmelung auf: *„Wenn dich dein rechtes Auge zum Bösen verführt, dann reiß es aus und wirf es weg! Denn es ist besser für dich, dass eines deiner Glieder verlorengeht, als dass dein ganzer Leib in die Hölle geworfen wird. Und wenn dich deine rechte Hand zum Bösen verführt, dann hau sie ab und wirf sie weg! Denn es ist besser für dich, dass eines deiner Glieder verlorengeht, als dass dein ganzer Leib in die Hölle kommt."* (Matthäus 5, 29-30) Und ähnlich heißt es: *„Es ist besser für dich, verstümmelt oder lahm in das Leben zu gelangen, als mit zwei Händen und zwei Füssen in das ewige Feuer geworfen zu werden."* (Matthäus 18, 8) Das Leben auf dieser Welt ist offenbar wenig wert im Vergleich zum Leben im Jenseits. In einem solchen biblischen Zusammenhang können sich kaum ein gesundes Selbstwertgefühl und eine sinnvolle Einstellung zu sich selbst sowie zum irdischen Leben konstituieren. Der leichtfertige Umgang mit sich selbst im biblischen Kontext steht auch im Gegensatz zur hohen Wertschätzung der vollen geistigen und körperlichen Unversehrtheit und Integrität in den UNO-Menschenrechtserklärungen von 1948 bzw. 1993 (z.B. Artikel 3 und 5 bzw. Artikel 5).

Die Bibel versöhnt auch nicht die Menschen untereinander, sondern trennt sie und verweist immer wieder auf die Beziehung zu Gott - kein Wunder, wenn man sich das schlechte biblische Bild vom Menschen, der häufig sündigt, vom „richtigen" Weg abweicht, dauernd Böses denkt und plant, Ungehorsam gegenüber Gott zeigt usw., vor Augen hält, - und verhindert so eine Erziehung und Ethik, die ja in dieser Welt der Menschen ein friedlicheres Zusammenleben fördern sollten. An vielen Stellen schürt die Bibel offensichtlich das Misstrauen unter den Menschen; Hilfe und Unterstützung von Menschen sind vergeblich: *„Bring uns doch Hilfe im Kampf mit dem Feind! Denn die Hilfe* *vom Menschen ist nutzlos.* " (Psalmen 108, 13) An anderen Stellen wird das allenfalls noch vorhandene Vertrauen gegenüber Menschen mit massiven Drohungen weiter untergraben: *"Verflucht der Mann, der auf Menschen vertraut, auf schwaches Fleisch sich stützt, und dessen Herz sich abwendet vom Herrn. Gesegnet der Mann, der auf den Herrn sich verlässt und dessen Hoffnung der Herr ist.* " (Jeremia 17, 5-7) Solche Postulate und Drohungen trennen die Menschen voneinander und schüren Misstrauen und Angst. Man/Frau soll sich nur auf Gott verlassen können. Der Mensch wird in der Bibel immer wieder auf Gott - nicht auf die Menschen - verwiesen. Gott ist Quelle, Heil- und Linderungsmittel sowie Helfer und Ratgeber für alles. Statt die Kommunikation zwischen den Menschen und Völkerversöhnung zu fördern, propagiert die Bibel als das wegweisende Modell das Gebet von Mensch zu Gott und konsolidiert so die Einweg-Kommunikation und die Abwendung von einem realen Gegenüber. Der Mensch ist nichts, Gott ist alles, nur Gott bietet eine sichere Zuflucht (vgl. Psalmen 31, 1ff.), nur Gott ist Quelle des Lebens (vgl. Psalmen 36). So begibt sich die/der Bibelgläubige in einen Zustand der Abhängigkeit von einem schwer fassbaren und unberechenbaren Wesen. Menschen können offensichtlich keine Basis für Zuverlässigkeit und Vertrauen geben, nur *"allein bei Gott kommt meine Seele zur Ruhe, von ihm kommt mir Hilfe. Nur er ist mein Fels, meine Hilfe, meine Burg...* " (Psalmen 62, 2-3) Ist das nicht ein berührend-trauriges Bekenntnis und Eingeständnis eines zutiefst vereinsamten Menschen, der den Weg zu seinen Mitmenschen nicht gefunden hat? So verwundert das folgende Zitat nicht mehr: *"Besser, sich zu bergen beim Herrn, als auf Menschen zu bauen ... Alle Völker umringen mich; ich wehre sie ab im Namen des Herrn.* " (Psalmen 118, 8-11) Wie groß ist doch dazu der Gegensatz zur anthropologisch-säkularen Sichtweise von Ludwig Feuerbach: *"So muss auch praktisch das höchste und erste Gesetz die Liebe des Menschen zum Menschen sein.* "[21] Bei Feuerbach ist die Liebe zum Menschen nicht über die Zwischenstation Gott sekundär-abgeleitet, sondern primär-ursprünglich angelegt: *„Die Liebe zum Menschen darf keine abgeleitete sein; sie muss zur ursprünglichen werden.“*[22]

Wiederholt wird in der Bibel die Selbsterniedrigung gepredigt als ein Mittel, sich mit der Gottheit zu vereinen oder ihr zumindest näher zu kommen. Damit wird aber die Ich-Entwicklung und Selbstbestimmung verworfen und schließlich das Wachstum eines rigiden Über-Ichs und der Fremdbestimmheit gefördert. Christen sollen ein abhängiges, anklammerndes Verhältnis zu ihrem Gott entwickeln. So werden aber die Selbstachtung und zwischenmenschliche Regungen untergraben: Es geht um ein (fürchtendes) Vertrauen in Gott, nicht um ein Vertrauen in sich selbst und andere Menschen, denn die BibelleserInnen werden wiederholt aufgefordert, ihren Mitmenschen, besonders Nicht-Gläubigen, zu misstrauen.

Eine gänzlich andere Sichtweise kommt im Menschenbild der Aufklärung zum Ausdruck. Der aufgeklärte Mensch kann, so der Strafrechtler Fleiner, *„als einzelnes Wesen mit eigener Vernunft sein Schicksal selbst in die Hand nehmen. Er ist sich selbst souverän und darf durch keine Staatsgewalt (ersetzen Sie Staatsgewalt durch göttliche Gewalt - J.F.) zu einer anderen als der von ihm als richtig erkannten Vernunft gezwungen werden.“*[23]

Auch die UNO-Menschenrechtserklärung von 1948 geht von einem freundlicheren Menschenbild aus und traut den Menschen einiges zu: *„Alle Menschen sind frei und gleich an Würde und Rechten geboren. Sie sind mit Vernunft und Gewissen begabt und sollen einander im Geiste der Brüderlichkeit begegnen“*, so Artikel 1.

Im Gegensatz dazu sieht der biblische Gott im Menschen ein beschränktes, unfähiges, unvernünftiges, von der (göttlichen) Autorität abhängiges Wesen, das nicht oder nur mit Hilfe massivster Drohungen und dauernder göttlicher Einflussnahmen zu erkennen vermag, was für es gut ist und was es tun oder lassen soll. Hier finden sich interessante Parallelen zur marxistischen Lehre, die ja ein ähnliches Denkmuster (oder besser Glaubensdogma) entwirft: Der Mensch als entwurzeltes, entfremdetes Objekt, durch Eigentum und kapitalistische Produktion ausgebeutet und verblendet, kann nur mit der Führung durch die Partei allmählich zum Erkennen des richtigen gesellschaftlichen Modells bzw. zur richtigen Deutung gesellschaftlicher Zustände voranschreiten. Auch der biblische Gott erkennt keine Souveränität der Vernunft des Individuums. Aber nur wer *„die Souveränität der Vernunft des Individuums anerkennt, wird ihr auch die individuellen Menschenrechte zuerkennen"*, so Fleiner.[24] Gott als absoluter Herrscher akzeptiert aber keine individuellen Menschenrechte. Die Bibel verstößt so aus heutiger Sicht wiederholt gegen individuelle und kollektive Menschenrechte.

Fleiner hat sich zum Schutz von Menschenrechten interessante Gedanken gemacht; seine Ausführungen beziehen sich natürlich auf eine Sicherung dieser Rechte in dieser Welt innerhalb von Staaten. Mir scheint die Übertragung seiner Überlegungen in die religiöse Sphäre bedenkenswert. So schreibt Fleiner:

„Wer Menschenrechte schützen will, muss die Macht, die Menschen über andere haben, begrenzen und dafür sorgen, dass diese Macht zu jedem Zeitpunkt kontrollierbar ist."[25] Dieser Schutz ist beispielsweise bei der katholischen Kirche mit ihrem Absolutheitsanspruch nicht gewährleistet: Eine unfehlbare Person (Papst) und eine Institution mit dem Fehlen einfachster demokratischer Einflussmöglichkeiten verhindern das geradezu. Und im biblischen Kontext mit dem absolut mächtigen Gott? Wenn wir die Religion und damit auch Gottesbilder als Projektionen im Sinne Feuerbachs oder Freuds verstehen, die Theologie bzw. Religion als Anthropologie erkennen und damit auflösen, dann zeigt sich vielleicht die Gefahr solcher Gottesbilder deutlicher. Der englische Historiker Lord Acton (1834-1902) hat einmal gesagt, dass Macht leicht korrumpiere und absolute Macht absolut korrumpiere. Fleiner sieht dies ähnlich und bezieht dies - wie er-

wähnt - auf Menschen: *„Jeder Mensch (setzen Sie dafür Gott oder Göttin ein - J.F.], der unkontrolliert Macht ausüben kann, lässt sich leicht dazu verleiten, seinen Aggressionen freien Lauf zu lassen die Frustrationen zu befriedigen und die Wehrlosen, die in seiner Gewalt sind, seine Macht spüren zu lassen. Empfindet er die Menschen, die in seiner Gewalt sind, gar noch als wirkliche und potentielle Gegner oder Angehörige einer minderwertigen Menschengruppe (setzen Sie hier Andersgläubige, Zweifler, Atheisten ... ein), sind oft die letzten Hemmungen, die ihn vor Einschüchterung, Ausbeutung oder gar Folter und Vergewaltigung zunächst zurückschrecken lassen, schnell abgestreift.* "[26]*

Die bisherigen Kapitel haben für einige dieser problematischen göttlichen Einstellungen und Handlungen (denken Sie an den Umgang mit den „Gottlosen" im Kapitel 3.6 oder an die vernichtung Tausender im Kapitel 3.5) wohl genügend Belege geliefert.

3.12 Das unbekannte Milgram-Experiment vor Milgram

Kennen Sie das Milgram-Experiment? Ist Ihnen auch die biblische Variante des Milgram-Experiments bekannt? Wir wollen uns in diesem Kapitel mit beiden beschäftigen.

Der Befehl zum Mord am eigenen Kind, die Opferung Isaaks (1. Mose 22, 1-19), diese berühmte Geschichte vom Vater Abraham und seinem Sohn Isaak verdient eine gesonderte Betrachtung und Analyse, ist sie doch den meisten Menschen bekannt und auch in vielen Kinderbibeln verbreitet.

Gott wollte Abraham „auf die Probe" stellen - das wusste leider der arme Abraham nicht - und forderte ihn auf: „*Nimm deinen Sohn, deinen einzigen, den du liebst, Isaak, geh in das Land Morija, und bring ihn dort auf einen der Berge, den ich dir nenne, als Brandopfer dar.*" Sofort gehorchend und ohne kritische Einwände, Fragen oder Gedanken bereitete sich Abraham vor, spaltete Holz und nahm ein Messer mit auf den Weg. Als sie am von Gott genannten Ort ankamen, „*baute Abraham den Altar, schichtete das Holz auf, fesselte seinen Sohn Isaak und legte ihn auf den Altar, oben auf das Holz. Schon streckte Abraham seine Hand aus und nahm das Messer, um seinen Sohn zu schlachten.*" Da rief ihm der Engel des Herrn: „*Streck deine Hand nicht gegen den Knaben aus, und tu ihm nichts zuleide! Denn jetzt weiß ich, dass du Gott fürchtest; du hast mir deinen einzigen Sohn nicht vorenthalten.*" Schließlich rief der Engel des Herrn Abraham ein zweites Mal zu: „*Weil du das getan hast und deinen einzigen Sohn mir nicht vorenthalten hast, will ich dir Segen schenken in Fülle und deine Nachkommen zahlreich machen wie die Sterne am Himmel ... Deine Nachkommen sollen das Tor ihrer Feinde einnehmen.*"

Welche Denkfiguren und Verhaltensmodelle legt diese eindrücklich gestaltete Geschichte nahe? Zuerst einmal will Gott offenbar seinen Untertanen Abraham testen: Ist er auch in solch kritischen Situationen absolut gehorsam und gefügig, wenn er sein Liebstes eigenhändig töten muss? Es geht in dieser dramatischen und anschaulichen Erzählung wieder einmal - vgl. dazu auch das Kapitel 3.4 - um die Forderung des unbedingten Gehorsams, der auch vor der Tötung der eigenen Familienangehörigen nicht zurückschreckt. (Nebenbei gibt uns die Erzählung einen weiteren Beleg für die These, dass der biblische Gott natürliche Familienbeziehungen stört und zerstört, da Abraham offensichtlich bereit ist, die im Text erwähnten starken positiven Gefühle zu seinem Sohn Isaak abzutöten - vgl. dazu auch das Kapitel 3.10). Indem Abraham diesen furchtbaren Befehl auszuführen bereit ist, beweist er die unbedingte Unterwerfung und Folgschaft unter Gottes Willen: Wer Gott und seine wie auch immer gearteten Befehle höher stellt als das eigene Gewissen, menschliche Neigungen und väterliche Liebe, wird als Vorbild dargestellt und von Gott reichlich belohnt - und darf sogar das Eigentum anderer Menschen mit Gottes Segen entwenden. Andernorts, in weltlichen Gegenden, nennt man das etwas nüchterner Diebstahl. Gott mehr lieben als sein eigenes Kind bzw. um Gottes Willen sogar bereit sein, das eigene Kind umzubringen: Wir erkennen hier als wünschenswertes Modell die totale Selbstaufgabe, Selbstverneinung, Abspaltung und Verdrängung intimster Gefühle sowie die Legitimation zur Kindesmisshandlung und zum Kindesmord.

Versuchen Sie sich in die Lage des bedauernswerten Isaak einzufühlen: Der (von den meisten Kindern geliebte und bewunderte) Vater bereitet plötzlich, nüchtern - nicht im Affekt! - und planmäßig meine Abschlachtung mit einem bedrohlichen Messer vor. Erst im letzten Moment, Sekunden vor dem tödlichen Zustechen hält mein Vater überraschenderweise inne. Können Sie sich eine schlimmere Traumatisierung eines Kindes vorstellen? Welche Todesangst muss ein solches Kind wohl ausstehen?

Welche Beziehung wird dieses Kind weiterhin zu seinem Vater haben? Kann es einem solchen Vater je noch trauen? Bezeichnenderweise ist im Bibeltext nicht von der Liebe zu Gott, sondern von der Furcht die Rede:

Abraham fürchtet Gott so stark, dass er sogar zur Opferung Isaaks bereit ist. Diese Bereitschaft verrät Todesangst gegenüber Gott, nicht Charakterstärke. Die unbedingte, totale Gehorsamsbereitschaft ist äußerst gefährlich und fand (und findet) sich immer wieder in Religionskriegen, Kreuzzügen, Nationalkriegen (wo der Staat in die Stapfen Gottes tritt), totalitären und religiösen fundamentalistischen Gruppierungen und Sekten.

Eine wissenschaftliche Version des Abrahamtests sind die Gehorsamsexperimente des amerikanischen Sozialpsychologen Stanley Milgram, die dieser Ende der sechziger und Anfang der siebziger Jahre durchführte. Die meisten Menschen empören sich zu Recht über dieses Experiment, bei dem eine Versuchsperson 1 auf Befehl einer Autorität (Versuchsleiter) eine Versuchsperson 2 für deren Fehler bei einer Gedächtnisübung mit Stromstößen zunehmender Stärke von 0 bis 450 Volt bestrafen muss. Die Versuchsperson 1 weiß allerdings nicht, dass die Stromstöße in Wirklichkeit nicht stattfinden und die Leiden der Versuchsperson 2 (sie gehört zum Versuchsteam) nur simuliert sind.[27] Bei der viel brutaleren biblischen Version bleibt der Aufstand der ChristInnen bis heute aus. Warum?

Der Abrahamtest ist letztlich ein Fundament der biblisch-christlichen Religion und die - im entscheidenden Fall - geforderte Haltung der Gläubigen der höchsten Gottheit gegenüber. Rohrbach deutet die Isaak-Geschichte sogar noch ins Positive um: *„Selbst wenn uns Gott alles, aber auch alles wegzunehmen scheint, bleibt er doch unser Gott und wird uns erretten. Vielleicht nicht uns selbst, aber doch unser Volk. Wir müssen nur unbeirrbar an ihm festhalten und ihm gehorsam sein. Es geht also nicht um eine grausame Geschichte von einem Gott, der einen unmenschlichen Befehl erteilt.“*[28] Rohrbach ist immerhin seit

1985 der deutsche Sprecher des Wortes zum Sonntag! Es geht anscheinend nicht um einen (fast vollzogenen) schrecklichen Kindermord, sondern um „unsere" Errettung. Hier scheinen Denkblockaden und frühe anerzogene emotionale Reaktionsmuster unüberwindlich zu wirken. Paradigmatisch ist die Abraham-lsaak-Geschichte auch darum, weil sie keine Fragen, Zweifel, Einwände, auch keine kritische Diskussion über den Befehl Gottes zulässt: Gedankenloses Gehorchen statt Hinterfragen oder gar Widerstand ist die Devise. Das eigenständige Denken, die Eigenverantwortung - beides wird ausgeschaltet und delegiert: Was Gott auch immer will, ist gut und richtig, auch wenn es unverständlich, ja himmelschreiend ungerecht erscheint. Schließlich kann die Erzählung auch als versteckter Aufruf interpretiert werden, die eigene Menschlichkeit, überhaupt menschliche (berechtigte!) Regungen abzutöten zugunsten einer „großen" Sache! Was passiert mit einem Vater wie Abraham? Ein Vater, der derart handelt und anschließend dafür sogar eine Belohnung (!) erhält, wird mit großer Wahrscheinlichkeit mit seiner für ihn wohl ebenfalls traumatischen Erfahrung wie sein Kind psychisch geschädigt. Wie kann er so noch ruhig weiterleben? Er verbreitet dann auf dieser Welt wohl kaum Menschlichkeit, Nähe und Toleranz.

Letztlich verrät die Abraham-Erzählung auch viel über den Charakter des biblischen Gottes: Zu seiner Bestätigung benötigt er abgestumpfte, willen- und gedankenlose Automaten, die sämtliche seiner Befehle aus Furcht exakt ausführen - ohne Selbstverantwortung und Skrupel. Ein Gott, der seine Geschöpfe auf solche Art und Weise auf die „Probe" stellt und sie damit um ihre menschliche Würde und Integrität bringt und missbraucht: Kann das ein liebender, vermittelnder und friedlicher Gott sein, der für die Menschen in dieser Welt von Nutzen ist?

Die biblische Milgram-Geschichte ist aus heutiger Sicht ein eklatanter Verstoß gegen die elementarsten Menschenrechte, und zwar gegen das Recht lsaaks auf Leben, Freiheit und Sicherheit

(Artikel 2 der UNO-Menschenrechtskonvention von 1948), das Verbot der Folter oder grausamer, unmenschlicher oder erniedrigender Behandlung (Artikel 5 ebd., Artikel 37 der Kinderrechtskonvention von 1990). Die Beinahe-Tötung verhindert durch ihre traumatisierende Wirkung zudem *„die Förderung der Persönlichkeitsentwicklung des Kindes"*. (Artikel 21/1990) Ein derart malträtiertes Kind kann kaum Urvertrauen und Geborgenheit bei seinen Bezugspersonen erleben, und Selbstakzeptanz oder Ich- Stärkung werden ebensowenig die Folgen sein. Vermag sich ein solches Kind am Leben überhaupt noch zu freuen, fröhlich und offen zu sein?

Würde eine Privatperson diesen Befehl heute ausgeben, müsste der Staat laut Artikel 19 (1990) unverzüglich einschreiten, heißt es doch dort klar und unmissverständlich: *„Die Pflicht des Staates"* ist es, *„das Kind gegen jede Form der Misshandlung durch seine Eltern oder seine Bezugspersonen zu schützen"*.

3.13 Die Verpönung von Neugier, Interesse, Wissensdurst

Mit der Neugier der Frau fing schon zu Beginn der Menschheitsgeschichte das Unglück an: Nachdem Adam und nachfolgend Eva (aus der Rippe des Mannes!) geschaffen wurden, lebten sie zuerst im Paradies. Allerdings nur für kurze Zeit. Lesen wir dazu den Originaltext:

„Die Schlange war schlauer als alle Tiere des Feldes, die Gott, der Herr, gemacht hatte. Sie sagte zu der Frau: Hat Gott wirklich gesagt: Ihr dürft von keinem Baum des Gartens essen? Die Frau entgegnete der Schlange: Von den Früchten der Bäume im Garten dürfen wir essen; nur von den Früchten des Baumes, der in der Mitte des Gartens steht, hat Gott gesagt: Davon dürft ihr nicht essen, und daran dürft ihr nicht rühren, sonst werdet ihr sterben. Darauf sagte die Schlange zur Frau: Nein, ihr werdet nicht sterben. Gott weiß vielmehr: Sobald ihr davon esst, gehen euch die Augen auf; ihr werdet wie Gott und erkennt Gut und Böse. Da sah die Frau, dass es köstlich wäre, von dem Baum zu essen, dass der Baum eine Augenweide war und dazu verlockte, klug zu werden. Sie nahm von seinen Früchten und ass; sie gab auch ihrem Mann, der bei ihr war, und auch er ass. Da gingen beiden die Augen auf und sie erkannten, dass sie nackt waren. ... Gott, der Herr, rief Adam zu und sprach: Wo bist du? Er antwortete: Ich habe dich im Garten kommen hören; da geriet ich in Furcht, weil ich nackt bin, und versteckte mich. Darauf fragte er: Wer hat dir gesagt, dass du nackt bist? Hast du von dem Baum gegessen, von dem zu essen ich dir verboten habe? Adam antwortete: Die Frau, die du mir beigesellt hast, sie hat mir von dem Baum gegeben, und so habe ich gegessen. Gott, der Herr,

sprach zu der Frau: Was hast du da getan? Die Frau antworte-
te: Die Schlange hat mich verführt, und so habe ich gegessen. ...
Da sprach der Herr zur Frau: Viel Mühsal bereite ich dir, sooft
du schwanger wirst. Unter Schmerzen gebierst du Kinder. Du
hast Verlangen nach deinem Mann; er aber wird über dich herr-
schen. Zu Adam sprach er: Weil du auf deine Frau gehört und
von dem Baum gegessen hast, von dem zu essen ich dir verboten
hatte: So ist verflucht der Ackerboden deinetwegen. Unter Müh-
sal wirst du von ihm essen alle Tage deines Lebens. Dornen und
Disteln lässt er dich wachsen, und die Pflanzen des Feldes mus-
st du essen. Im Schweiße deines Angesichts sollst du dein Brot
essen, bis du zurückkehrst zum Ackerboden; von ihm bist du ja
gekommen. Denn Staub bist du, zum Staub musst du zurück."
(1. Mose 3, 1-19, leicht gekürzt)

Die Geschichte enthält mehrere wichtige Botschaften und Informationen. Zuerst einmal: Gott stellt ein unsinniges Verbot
auf. Wieso soll der Mensch nicht vom Baum der Erkenntnis essen und dadurch klug werden? Der Wissensdrang, das Erkun-
dungsverhalten und die Neugier sind wesentliche anthropologische Merkmale schon des Kindes, aber auch des Erwachsenen.
Gott hat die Menschen so geschaffen. Wieso ist Wissen für Gott
verpönt? Erkenntnis ist nicht gefragt, sondern vielmehr blinder
Glaube. Zudem: Der „Sündenfall" besteht in der Übertretung eines harmlosen, ja lächerlichen Verbots, er wird aber von Gott unbarmherzig und völlig unangemessen bestraft. Der biblische
Gott ist damit ein problematisches Vorbild, auch für Kinder. Kinder müssen begründbare und in der Regel einsichtige Gebote
und Einschränkungen erfahren, die dann auch - eher als unein-
sichtige - bejaht, verinnerlicht und damit übernommen werden.
Zudem sollen Strafen im Sinne von Wiedergutmachen oder logi-
schen Folgen angemessen, fair und einsehbar sein. Für die Sündenfallgeschichte trifft keines dieser Kriterien zu.

Die göttliche Strafe widerspricht Auffassungen von Toleranz,
Verständnis, Sensibilität und verletzt z. B. Artikel 10 der UNO-

Menschenrechtserklärung (Anspruch auf ein faires und unparteiisches gerichtliches Verfahren) - wenn wir einmal von einem „Fehler" Evas ausgehen wollen. Schließlich wird von Gott willkürlich in das Privatleben eingegriffen: Artikel 12 bestätigt den Anspruch jedes Menschen auf rechtlichen Schutz vor solchen Eingriffen. Für einen Fehler, den Eva begangen hat, leidet in der Folge nicht nur sie: Milliarden von nachfolgenden schwangeren Frauen, die nichts mit diesem „Fall" zu tun haben, werden immer mit Schmerzen gebären müssen. Eine ähnlich unangemessen harte Strafe treffen Adam und alle seine männlichen Nachkommen: Die Arbeit als dornenreicher Fluch. Nach dieser Erzählung am Anfang der Bibel ist der Lauf der menschlichen Geschichte durch eine Abfolge bedauerlicher prähistorischer Ereignisse definitiv festgelegt. Das bedeutet also: Sippenhaft und Erbsünde in alle Ewigkeit. Unversöhnlichkeit, Unverzeihlichkeit, ein Mangel an Toleranz und Weitherzigkeit machen sich hier breit. Sogar der deutsche Sprecher zum Wort des Sonntags, Rohrbach, findet diese Geschichte einen Alptraum.[29]

Der Gedanke der Erbsünde, der eigenen Schlechtigkeit und Verworfenheit (vgl. dazu auch das Kapitel 3.11) hat sich als Grundmuster in der autoritären und religiösen Unterweisung über Jahrhunderte gehalten und wurde besonders durch christlich orientierte Menschen gepredigt und verbreitet. Das folgende Kapitel wird diese problematische Sichtweise am Beispiel der Hölle wieder aufgreifen und behandeln. Ein solches Menschenbild widerspricht heutigen psychologischen Erkenntnissen und aktuellen Erfordernissen und führt tendenziell zu gehemmten, depressiven und unglücklichen Menschen. Nur wer sich selber lieben oder zumindest leiden kann, vermag auch andere zu lieben und zu akzeptieren. Wer sich selber hasst oder als schlecht und böse einschätzt, projiziert das unweigerlich auch auf andere Menschen und fördert so eigenes und fremdes Leid. Kinder dürfen deshalb auch aus psychologischer Sicht nicht mit dem Gedanken irgendeiner Erbsünde belastet werden.

Der Staatsrechtler Fleiner interpretiert die Frage der Haftung eines Einzelnen am Beispiel des Krieges in bemerkenswerter Klarheit. Wenn Sie im nachfolgenden Zitat die Begriffe Völker, Rassen und Stämme durch Nachkommen ersetzen, ergibt sich eine Bestätigung der oben erwähnten Menschenrechtsverletzung. Fleiner schreibt: *„Die Idee der Menschenrechte lässt es aber nicht zu, dass für Taten einzelner ganze Völker verurteilt werden ... Grundpfeiler aller Menschenrechte ist, dass für jede Untat (wenn wir Evas und Adams Verhalten einmal so deuten wollen - J. F.) nur derjenige zur Verantwortung gezogen werden darf, der sie begangen hat. Kollektivstrafe und Sippen sind nicht nur Verstöße gegen die Menschenwürde einzelner Personen, sie sind auch Ursache für neue Kriege und Rachefeldzüge von Völkern, Rassen, Stämmen und Staaten. "*[30] Die Äußerung Fleiners stimmt nachdenklich.

In der dargestellten „Vertreibungsgeschichte" kommen aus moralpsychologischer Perspektive „primitive", d. h. einfachste göttliche Denkmuster zum Vorschein, die nach Kohlberg Kinder im Alter bis ca. 10 Jahren (!) mehrheitlich überwunden haben. Auch nach der Klassifikation von Piaget bestraft der biblische Gott nach der einfachsten (ersten) Moralstufe (einfacher moralischer Realismus), die für Vorschulkinder charakteristisch ist. Für Gott sind die Menschen anscheinend Kinder geblieben. Eine bessere Zukunft ist nach der Sündenfallgeschichte ein für allemal verspielt durch die Schuld zweier Urahnen der Menschheit. Die Grundmelodie lautet: Am Anfang war die Schuld. Schließlich lässt sich der Geschichte auch noch entnehmen, dass die Herrschaft über die Frau durch den Mann - das Patriarchat - als göttliches Strafgericht legitimiert ist: Das überrascht nicht mehr, wenn wir uns vergegenwärtigen, dass ja die Frau die Verführerin zur Sünde war. Auch diese Vorstellung hat in Kirche, Christentum und Geschichte ihre Tradition (vgl. dazu auch Kapitel 3.7).

3.14 Psychologie der Hölle

Für viele christlich erzogene Menschen bedeutete über Jahrhunderte die Hölle einen Alptraum, eine real existierende, fürchterliche und bedrohliche Realität, die nach dem Tode eine große Mehrheit der Menschen ereilte.

Die Hölle ist keine Erfindung des Christentums und taucht in vielen Vorstellungen der Völker in fast allen Kulturen und Zeiten auf (vgl. Minois 1994, Vorgrimler 1993). Psychologisch gesehen spiegeln sie die für die einzelnen Epochen typischen Ängste, weltlichen Strafen, Wahnvorstellungen und Drohfiguren wider - sowie die vorherrschende Auffassung vom Bösen. Zusätzlich führten wahrscheinlich unbewältigte Aggressionen, ein rigides Über-Ich, Unzufriedenheit mit sich und den anderen, Rache- und Omnipotenzgefühle aus Minderwertigkeitskomplexen und anderes mehr zur Entwicklung, Darstellung und Propagierung von Höllenvorstellungen. Die christliche Hölle ist - oder war - im Gegensatz zu anderen Höllenentwürfen allerdings das dauerhafteste, am besten durchdachte und vollständigste System. Die Hölle der alten Ägypter beispielsweise dauerte nicht ewig, ihr Ziel war die Auslöschung des Bösen. Auch die Hölle Vergils war vorübergehend.

Nun, wie sah es in den christlichen Höllen aus? In der Apokalypse des Petrus - erst 1910 wiedergefunden und nicht in der Bibel enthalten - finden wir eine der ersten, ausführlichsten und anschaulichsten Beschreibungen der Höllenqualen:

„Manche von denen, die man dort sah, waren an der Zunge aufgehängt: sie hatten die Gerechtigkeit verhöhnt; und unter ihnen brannte ein Feuer, das loderte und sie quälte. Es gab dort einen großen See voll glühendheißem Schlamm, in dem sich Menschen befanden, die sich von der Gerechtigkeit abgekehrt hatten, und über ihnen schwebten Engel, die sie züchtigten.

Wieder andere, Frauen, waren an den Haaren über diesem Schlamm aufgehängt, die hatten sich zum Ehebruch geschmückt.

Die Männer, die mit ihnen Unzucht getrieben hatten, waren an den Füßen aufgehängt mit dem Kopf im siedenden Schlamm ...

Mörder sah ich und ihre Komplizen, die man in ein enges Gelass voller Reptilien geworfen hatte. Diese Tiere quälten sie zur Strafe. Wolkengleich krochen Würmer auf ihnen herum. Und die Seelen ihrer Mordopfer sahen die Züchtigung ihrer Mörder und sprachen: ,0 Gott, gerecht ist Dein Richterspruch'. Ganz in der Nähe sah ich einen anderen Ort, in den Eiter und Unflat von den Gezüchtigten floss und eine Art See bildete. Darin lagen Frauen, bis zum Hals eingetaucht, und ihnen gegenüber lag eine große Anzahl von vor der Zeit geborenen Kindern, die schrien. Von ihnen gingen flammende Stahlen aus, die die Frauen in die Augen trafen, diese Frauen hatten außerhalb der Ehe empfangen und ihre Kinder getötet."[31]

„... andere Männer und Weiber, die kauen ihre Zunge, und man quält sie mit glühendem Eisen und verbrennt ihre Augen. Das sind die Lästerer und Zweifler an meiner Gerechtigkeit Anderen Männern und Frauen - ihre Taten bestanden in Betrug - schneidet man die Lippen ab ... Die Götzendiener (Andersgläubige - J. F.) ... in Ewigkeit werden sie gequält."[32] Dieser Text hatte in der urchristlichen Kirche eine große Bedeutung und sollte moralpädagogisch bessernd wirken; Vorgrimler bezeichnet die Petrus-Apokalypse sogar als enscheidendes Höllenbuch.

Einige Jahrhunderte später definierte Pater Pierre Coton (1564-1626), der jesuitische Beichtvater Heinrichs IV. und Autor geistlicher Bücher, die Hölle in zwölf Punkten - ich bringe eine Auswahl:

„Die Hölle ist ein ewiges Gefängnis, voller Feuer und unzähliger schrecklicher Qualen, um alle zu strafen, die im Stand der Todsünde sterben.

2. Die Hölle ist unterirdisch, ein finsterer Ort im Mittelpunkt der Erde, wohin weder das Licht der Sonne, noch des Mondes ...

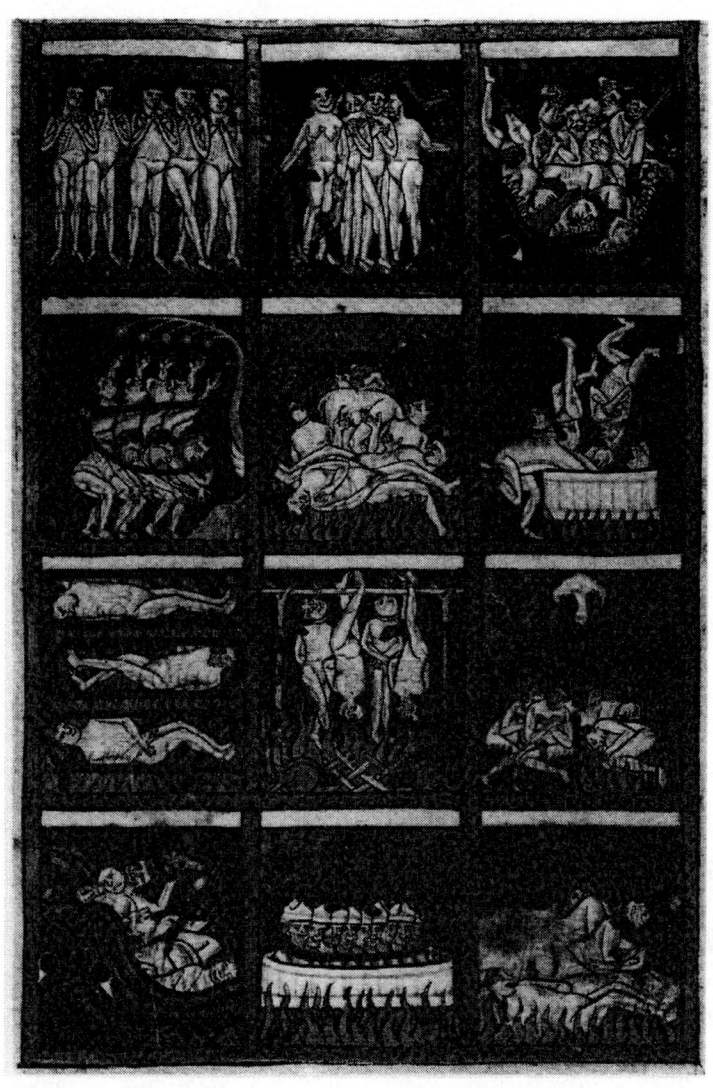

Die Hölle

dringt und wo das Feuer, obwohl es brennt, keinen Schein gibt.

3. Die Hölle ist ein enger Schlauch ... in dem die Verdammten weniger Platz als im Sarg haben und übereinandergeschichtet werden wie die Ziegel in einem Brennofen.

4. Nach Johannes ist die Hölle ein See aus Feuer und Schwefel und die unerträgliche Hitze, die man dort erdulden muss, lässt keine Hoffnung auf Linderung...

5. Die Hölle ist ein Ort voller Unrat...

6. Die Hölle ist ein Schindanger, auf den die Engel alles verderbte Fleisch der Menschenkörper werfen, vom ersten Mörder und Brudermörder bis hin zum Antichrist und seinen Nachfolgern.

7. Die Hölle ist eine faulig stinkende Höhle, wo die wiederbelebten Gerippe und das verwesende Fleisch der Verdammten einen derartigen Gestank verbreiten, dass es unerträglich ist.

8. Die Hölle ist ein Kerker voller Tobender, ein Gefängnis ohne Hoffnungsstrahl, ein Narrenkäfig, der Sammelplatz aller Unsinnigen.

9. Die Hölle ist eine Grube, von allen Seiten in alle Ewigkeit verschlossen mit Eisenstangen, Bolzen und Vorhängeschlössern und darüber liegt das Siegel des Zornes Gottes.

11. Die Hölle ist ein immerwährender Zustand, in dem die Feinde Gottes, als Strafe für ihre Vergehen, all dessen beraubt sind, was sie sich wünschen und an allen Übeln kranken, die sie fürchten.

12. Die Hölle ist die Anhäufung von so unsagbaren Qualen, dass alle anderen Foltern, die es je gab, gibt und geben wird, wie Skorpione, Streckbank, Rad, Rost, glühende Eisenpanzer, eiserner Stier, Mühlsteine, Häuten, Ausrenken und Abschneiden von Gliedmaßen, Pfählen, Feuerhelm oder Krankheiten wie Nierenkoliken, Konvulsionen ... und andere, so schlimm, schmerzhaft und stechend sie auch sein mögen, daneben wie milder Tau erscheinen. "[33]

Wer sich derartige Texte versucht vor Augen zu führen, wird

Engel und Teufel präsentieren das Weltgericht

unweigerlich an die ähnlich barbarischen Folterungen im christlichen Mittelalter oder an das Tun der Nationalsozialisten in Hitler-Deutschland erinnert - mit dem Unterschied, dass in der Hölle die Peinigungen ohne Ende sind.

In neueren Bibelübersetzungen wird der Begriff der Hölle häufig umgangen bzw. durch andere Wörter ersetzt: So ist häufig etwa von der Unterwelt die Rede. Ich halte die vielen Andeutungen, Schilderungen und Drohungen mit der Hölle für eine der psychologisch unmenschlichsten und fragwürdigsten Seiten der Bibel. Menschenrechtsorganisationen wie Amnesty International setzen seit Jahren ihre ganze Kraft ein, um z.B. Todesstrafe und Folterungen anzuprangern und zu verhindern - leider häufig ohne Erfolg. Jeder vernünftige Mensch wird die Folter eines Menschen als das wohl inhumanste und verabscheuungswürdigste Verbrechen betrachten und verurteilen - die Bibel aber und ihre Verkünder dehnen dieses sogar ins Endlose aus: Ist schon die zeitlich begrenzte Folter auf der Erde schrecklich genug, gibt es in der biblischen Hölle kein Ende. Stattdessen: Ewige Qualen, von Hitze und Flammen versengt, verbrannt und gebraten, gemartert - endlos. Und das Ganze noch als gerechte Strafe! Gott hat dieses ewige Leiden, diese Folterqualen als gerechte Strafe für ein sündiges Leben verhängt, obwohl er ja den Menschen selber so geschaffen hat, wie er ist und alles unakzeptable Treiben seiner Geschöpfe jederzeit unterbinden könnte: *„Der Herr blickt herab vom Himmel, er sieht auf die Menschen. Von seinen Thronsitz schaut er nieder auf alle Bewohner der Erde."* (Psalmen 33, 13-14). Was bedeutet das? Warum will Gott offensichtlich nicht eingreifen, sondern den Menschen sündigen lassen, um ihn dann anschließend erbarmungslos strafen zu können? Wozu braucht Gott das? Brechen wir hier Mutmaßungen darüber ab und betrachten stattdessen einige zentrale Aussagen der Bibel zur Hölle.

Jesus' Gericht über die galiläischen Städte ist besonders eindrucksvoll: Weil sich die Städte, in denen er Wunder getan hatte (dies behauptet zumindest die Bibel), nicht bekehrt haben, droht er ihnen mit der Hölle, so z. B. Kafarnaum: *„Nein, in die Unterweit wirst du hinabgeworfen ... Dem Gebiet von Sodom wird es nicht so schlimm ergehen wie dir."* (Matthäus 11, 23-24) Da die Drohung ganze Städte betrifft, müssen wir annehmen, dass auch Säuglinge und Kinder davon betroffen sind. Was können aber diese für die mangelnde Bekehrungsfreude ihrer Väter und Mütter? Wiederum werden aus heutiger Sicht das Recht auf Religions- und Meinungsfreiheit verletzt (Artikel 18 der UNO- Menschenrechtserklärung von 1948).

In der Brandrede gegen die Schriftgelehrten und Pharisäer - die Konkurrenten Moses - heißt es: *„Ihr Nattern, ihr Schlangenbrut! Wie wollt ihr dem Strafgericht der Hölle entrinnen?"* (Matthäus 23, 33) In einer anderen Ansprache Jesu ist zwar davon die Rede, dass alle Vergehen und Lästerungen dem Menschen vergeben werden, aber: *„Wer den Heiligen Geist lästert, der findet in Ewigkeit keine Vergebung, sondern seine Sünde wird ewig an ihm haften."* (Markus 3, 29) Berechtigt die Lästerung des heiligen Geistes - was heißt schon Lästerung - zu einer solch drakonischen Strafe?

Beim großen Weltgericht, der Endabrechung der Menschheit, wird erbarmungslos beurteilt und verurteilt:

Verständnis für Fehler und Unterlassungen, ein Vergeben, mildernde Umstände für „Fehlbare", Angebote und Chancen für eine Besserung oder Wiedergutmachung von vergangenem - dies alles sind Fremdwörter für den Gott. Es gibt nur noch das aus der Bibel hinlänglich bekannte kategorische Schwarz-Weiß-Muster: Hier die Guten, dort die Bösewichte. Entsprechend einfach fällt damit die Urteilsverkündung aus: Die „Guten", in der Bibel die Schafe genannt, sind um den Thron Gottes zu seiner Rechten platziert und kommen in Gottes Reich, die „Bösen", als „Böcke" zur Linken gekennzeichnet, sind definitiv verloren. Was bedeutet das für die „Bösewichte"? Ewige Verdammung: *„Weg von mir, ihr Verfluchten, in das ewige Feuer, das für den Teufel und* *seine Engel bestimmt ist!"* (Matthäus 25, 41)

Die Schilderungen über das jüngste Gericht muten häufig wie ein vorweggenommener stalinistischer Schauprozess mit allem, was dazugehört, an: Gott und die Engel als Ankläger, die mit drohender Stimme und harten Worten auffahren, gegenüber die zerknirschten Übeltäter oder Abweichler, die nun (zu spät) reumütig in Selbstkritik verfallen und manchmal die große Gerechtigkeit und Weitsicht des Anklägers besingen. Die Verurteilung ist schon vor der Verhandlung vollzogen, sie dient nur noch als Abschreckung und Drohung für Zweifler und weitere potentielle Kandidaten. Verteidigungsmöglichkeiten, Fürsprachen, Diskussionen oder gar Freisprüche fehlen gänzlich.

In den Weherufen über das *„trotzige Israel"* heißt es u.a.: *„Darum sperrt die Unterwelt ihren Rachen auf, maßlos weit reißt sie ihr Maul auf, so dass des Volkes Pracht und Reichtum hinab fährt; der ganze lärmende, johlende Haufen."* (Jesaja 5, 14) Wie sich dieser Gott einige Zeilen später durch *„seine Gerechtigkeit ... als heilig"* bezeichnen kann, bleibt sein Geheimnis.

Die Höllenqualen werden mitunter auch anschaulich ausgemalt - was die Kirche dann in Jahrhunderten noch in unzähligen Bildern verbreitet hat: *„Wer von uns hält es aus neben dem verzehrenden Feuer, wer von uns hält es aus neben der ewigen Glut?"* (Jesaja 33, 14)

Wer in der Hölle schmort, ist tatsächlich für immer verloren: *„Ja, in der Unterwelt dankt man dir nicht, die Toten lieben dich nicht; wer ins Grab gesunken ist, kann nichts mehr von deiner Güte erhoffen."* (Jesaja 38, 18)

Unverhüllte Höllendrohungen finden wir auch unter dem bezeichnenden Titel „Aufforderung zum furchtlosen Bekenntnis": *„Ich will euch zeigen, wen ihr fürchten sollt: Fürchtet euch vor dem, der nicht nur töten kann, sondern die Macht hat, euch auch noch in die Hölle zu werfen. Ja, das sage ich euch: Ihn sollt ihr fürchten."* (Lukas 12, 5) Nebenbei: Wie kann man sich unter ei-

Das jüngste Gericht

ner solch massiven Drohung furchtlos und frei bekennen? Gott wünscht offenbar gar kein überlegtes Bekenntnis, sondern einfach willige, gehorsame und vor Angst eingeschüchterte Gläubige. Auch hier: Keine Religionsfreiheit.

Sogar ehemaligen Engeln droht die Hölle: *„Gott hat auch die Engel, die gesündigt haben, nicht verschont, sondern sie in die finsteren Höhlen der Unterwelt verstoßen und hält sie dort eingeschlossen bis zum Gericht."* (2. Petrus 2, 4) Gott scheint unerbittlich in seiner Vergeltung.

Finden wir an unzähligen Stellen der Bibel die Sünde der Gottlosigkeit - was meistens gleichbedeutend ist mit einem anderen Glauben, einem anderen Bekenntnis - unbarmherzig geahndet, wird im folgenden Zitat das gegenteilige Handeln ebenso unbarmherzig gebrandmarkt: *„Wer zu seinem Bruder sagt: Du Dummkopf!, soll dem Hof des Hohen Gerichts verfallen sein; wer aber zu ihm sagt: Du (gottloser) Narr!, soll dem Feuer der*

Hölle verfallen sein." (Matthäus 5, 22) Und bei Johannes 3, 18 lautet es apodiktisch: *„Wer nicht glaubt, ist schon gerichtet."* Gleich bleibt wiederum die strenge Verurteilung und die Drohung für Denken und Handeln, das dem (widersprüchlichen) Ansinnen des biblischen Gottes widerstrebt. Gegenüber Andersdenkenden schlägt der biblische Christus einen menschenverachtenden Ton an. In Matthäus 13, 41 droht er ihnen gar mit einer Art „himmlischem Auschwitz": *„Der Menschensohn wird seine Engel aussenden, und sie werden aus seinem Reich alle zusammenholen, die andere verführt und Gottes Gesetz übertreten haben, und werden sie in den Ofen geworfen, in dem das Feuer brennt. Dort werden sie heulen und mit den Zähnen knirschen."*

Einige Verse später findet sich die biblische Version von einer sauberen „Endlösung der Ungläubigenfrage." In Matthäus 13, 49-50 werden die dafür vorgesehenen Engel beauftragt, *„die Bösen von den Gerechten zu trennen und in den Ofen zu werfen, in dem das Feuer brennt. Dort werden (die Bösen) heulen und mit den Zähnen knirschen."*

Die Parallelen zur Judenvernichtung durch die Nazi-Schergen sind wirklich erschreckend und unheimlich. Das Christentum hat eine lange Tradition bezüglich Antisemitismus; der Judenhass Martin Luthers ist mittlerweilen zumindest innerkirchlich bekannt geworden. Die Verfolgung und Vernichtung des Gegners ist in der christlichen Geschichte eine unendliche: Galten über Jahrhunderte Juden als Christusmörder, avancierten später die Kommunisten zu den Antichristen, deren Vernichtung Papst Pius XI. bejahte. Die christliche Kirche hat immer wieder Eroberungsfeldzüge, auch bei Missionierung und Kolonialisierung, unterstützt - mit verheerenden Folgen (vgl. z.B. v. Paczensky 1991, Deschner 1973).

Halten wir kurz inne und versuchen den biblischen Standpunkt aus heutiger Sicht zu betrachten. Für Fleiner ist *„die Glaubens- und Gewissensfreiheit eines der wichtigsten Menschenrechte überhaupt. Das Verhältnis des einzelnen zu seinem Gott, seiner*

Unaufhörliche Qualen in der Hölle: Die Verdammten

Religion und zum Jenseits überhaupt berührt das Innerste seiner Seele. Niemand hat das Recht, in dieses Innerste einzudringen, das Bekenntnis zu verletzen oder gar zu versuchen, davon abzubringen".[34] Und weiter unten betont er: *„Echte Religionsfreiheit lässt sich nur in einem gesellschaftllchen Klima verwirklichen, wo jedes Bekenntnis als Teil menschlicher Vielfalt und menschlicher Würde geachtet wird. Von diesem Toleranzgedanken ist aber unsere Gesellschaft (vor allem die Bibel sowie die katholische Kirche - J. F.) noch weit entfernt."*[35]

Immer wieder wird gewarnt vor der Abweichung vom richtigen Weg, vor der Verführung: *„Wer einen von diesen Kleinen, die an mich glauben, zum Bösen verführt, für den wäre es besser, wenn er mit einem Mühlstein um den Hals ins Meer geworfen würde. Wenn dich deine Hand zum Bösen verführt, dann hau sie ab; es ist besser für dich, verstümmelt in das Leben zu gelangen, als mit zwei Händen in die Hölle zum kommen, in das nie erlöschende Feuer."* (Markus 9, 42-43)

Interessant ist auch die kleine Zahl der Erwählten für den Himmel - als Gegenstück zur übervölkerten Hölle. Die Bibel und ihre Prediger zeigen uns, dass die große Menge immer die Verdammten sind. Die Pforte zum „Heil" ist eng und der Weg ist breit, der zum Verderben führt, so Matthäus 7, 13. Von den 600 Hebräern hat Gott zwei gerettet, Josua und Kaleb; in Sodom war es nur Lot; bei der Sintflut Noah und seine Familie. Die Bibel als Ethik für eine exklusive Minderheit?

Ein Gott der Liebe *(„Gott ist Liebe",* 1 Johannes 4, 16), der Güte und Weisheit verträgt sich aber schlecht mit der Idee einer Hölle, schon gar nicht mit einer ewig andauernden und für die meisten Menschen vorgesehenen. Das stellte schon der Skeptiker, Frühaufklärer und Philosoph Pierre Bayle (1647-1706) unmissverständlich klar. Bezeichnenderweise wurden seine gesamten Werke von der katholischen Kirche von 1699-1757 immer wieder auf den Index der verbotenen Bücher gesetzt. Für Bayle besteht eine völlige Unvereinbarkeit zwischen der Güte Gottes und dem Bestehen ewiger Qualen. Aus seiner Sicht ist ein Gesetzgeber, *„der den Menschen untersagt, Verbrechen zu begehen und sie dennoch dazu treibt und ewig dafür bestraft"* unakzeptabel.[36] In der damaligen Zeit fast todesmutig meinte Bayle: „Es ist nicht ungewöhnlicher, dass ein Atheist tugendhaft lebt, als dass ein Christ alle Arten von Verbrechen begeht."[37]

Es waren fast durchwegs Skeptiker, Denker, Aufklärer, die den christlichen Höllenglauben und -wahn kritisiert und bekämpft haben: Namen wie Bayle, Spinoza, Montesquieu, Holbach, Voltaire, Diderot und Meslier seien stellvertretend für viele weitere genannt. Nicht die Kirchen, die sich immer für Menschenwürde und Moral allein zuständig fühl(t)en und anpreisen, sondern religions- und kirchenkritische Menschen haben trotz häufiger Verfolgungen durch staatliche und kirchliche Fürsten zur allmählichen Humanisierung der Höllenvorstellungen bzw. zu deren Abschaffung maßgebend beigetragen. Noch 1949 warnte Papst Pius XII.: Die Hölle muss *„ohne jegliche Abschwächung"* gelehrt werden.[38] Und noch 1979 erklärt Papst Johannes Paul II, dass die Kirche *„glaubt, dass eine ewige Strafe den Sünder erwartet."*[39]

Nach einer Umfrage der Tageszeitung *Le Monde* von 1986 glauben in Frankreich noch 15 %, in Großbritannien gar 27 % an die Hölle; bei praktizierenden Katholiken sind es sogar 53 %.[40]

Als Rechtfertigung für die Notwendigkeit der Hölle soll stellvertretend für viele ähnliche Erklärungen der im 2. Jahrhundert lebende Apologet Sankt Justin sprechen: *„Man mag vielleicht sagen, wie das die sogenannten Philosophen tun, dass es nur Worte sind oder Schreckgespenster, was wir von der Strafe der Sünder im ewigen Feuer sagen, und dass wir die Menschen durch die Angst und nicht durch die Liebe zum Guten tugendsam machen wollen. Darauf will ich in wenigen Sätzen antworten. Wenn dies nicht ist, dann ist auch Gott nicht, oder wenn er existiert, dann kümmert er sich nicht um die Menschen; dann sind Tugend und Laster bedeutungslos; dann verurteilen die Gesetz-*

geber jene, die ihre guten Anordnungen übertreten, ungerecht-
fertigt."[41]

Der Text zeigt u.a. 1. wie Höllenpropheten schon immer Einwände zu parieren hatten (Zweifler gab es von Beginn an) und 2. wie schwach die Argumentation ist: Ohne Höllenangst gibt es anscheinend keine Moral, keine Unterscheidung von gut und böse! Auch diese Position ist aus heutiger Perspektive unhaltbar. Menschen, ja schon kleine Kinder mit Höllendrohungen zu belasten, halte ich für absolut inakzeptabel. Einige der für mich schlimmsten Erfahrungen machte ich in psychiatrischen Kliniken Mitte der 1980er Jahre, als mir PatientInnen in mehreren Gesprächen von ihren über Jahre sie quälenden Höllenängsten berichteten. Ich konnte ihnen in meiner Funktion als Psychologe kaum helfen, da sie sich von Gott verworfen fühlten. Kinder und Erwachsene benötigen keine massiven Drohungen, um sich vernünftig zu verhalten; Drohungen verhindern vielfach Ansätze zu erwünschtem Verhalten. Unter günstigen Bedingungen kooperieren Menschen in der Regel gerne. Sogar Untersuchungen aus den USA zeigen, dass auch die massivste Drohung - nämlich die Todesstrafe - nicht abschreckend bezüglich krimineller Handlungen wirkt.[42] Ähnliches ließe sich bezüglich der Höllendrohungen sagen: Sind die Menschen dadurch besser geworden?

Die Hölle wird u.a. noch an den folgenden Stellen erwähnt (bzw. mit ihr gedroht): Psalmen 31, 18; 88, 4-7; 139, 8; Sprichwörter 9, 18; Amos 9, 1-2; Jakobus 3, 6; Matthäus 5, 29; 10, 28; 18, 9; 23; 15; 25, 41; Markus 9, 45 und 47; Judasbrief 14; Jesaja 66, 24; Offenbarung 20, 12 ff; Hiob 24, 19; Lukas 26, 24 usw. - es finden sich über 70 Höllendrohungen Jesu' in den Evangelien!

Wie wirk(t)en Höllenbilder? Die biblischen Höllenbilder und christlichen Prediger haben über Jahrhunderte Hunderttausende von Menschen, Frauen, Männer und Kinder, mit ihren Drohungen psychisch eingeschüchtert, neurotisiert, paralysiert. Darüber liegen Zeugnisse vor. Als Beispiel soll der Baptist John Bunyan erwähnt werden, der seit seiner Kindheit von der ewigen Pein besessen ist. Sein Leben ist ein Zeugnis von Verheerungen, die eine u. a. auf Höllenangst aufgebaute Erziehung anrichten kann. *„Als Kind war ich in einer derartigen Seelennot, dass ich oft, wenn ich mit meinen Kameraden spielte und es um kleine kindliche Eitelkeiten ging, niedergeschlagen war und entsetzliche Qualen litt, ohne jedoch von meinen Sünden loskommen zu können.“* (1666)[43]

Auch K. Rosenkranz (1805-1879) erinnert sich an seine Höllenängste, er berichtet: Jakob Hövel, ein Spielkamerad, wurde *„durch phantastische Vorstellungen, die er von der Hölle empfangen hatte, fast schwermütig gemacht ... dass ich ebenfalls von jenen Schreckbildern mich auf das Entsetzlichste gepeinigt fühlte und doch nicht zu meinen Eltern, nur zu meiner Schwester davon zu sprechen wagte ... Die Hölle im Jenseits und die Hölle des vulkanischen Erdfeuers im Diesseits - diese beiden Vorstellungen wurzelten sehr tief in mir ... denn konnte nicht allaugenblicklich die Erde mich verschlingen? ... welch entsetzliche Qualen warteten nicht seiner in der Hölle?“*[44] Beide Berichte zeigen extreme Formen von existenzieller Angst. Die Quellensammlung von Rutschky (1983) gibt noch weitere eindrückliche Belege für die möglichen traumatisierenden Folgen von religiöser Erziehung in verschiedenen Zeitabschnitten.

Mitunter traf es auch geistliche Führer selber, so Adam von Kendall, Abt von 1212-1223. Adam erzählt eine Höllenvision und dreht dabei durch; kurz danach stirbt er schreiend - vermutlich aus Angst.[45]

Die vielen angeführten Beispiele aus verschiedensten Teilen der Bibel zeigen: Das Konzept, die Idee der Hölle sind nicht ein Detail, sondern wichtige Elemente des biblischen Welt- und Menschenverständnisses. Immer wieder gilt: Zuckerbrot (Gehorchen bringt Belohnung) und/oder Peitsche (Strafen bis zur Hölle). Drohbotschaft statt Frohbotschaft. Unzählige Male wird Artikel 5 der UNO-Menschenrechtserklärung von 1948 verletzt, wo klar festgehalten wird, dass niemand der Folter oder grausamer unmenschlicher oder erniedrigender Behandlung oder Strafe unterworfen werden darf. Auch elemementarste Menschenrechte, so das in Artikel 3 bekräftigte Recht auf Leben, Freiheit und Sicherheit der Person, wird im biblischen Denken nicht zur Kenntnis genommen. Die Präambel der erwähnten UNO-Erklärung verkündet, dass *„die Verkennung und Missachtung der Menschenrechte zu Akten der Barbarei führten"*. Im Zeichen des Terrors kann es keine Moral geben, die ihren Namen verdient.

Der französische Experte für Religions- und Sozialgeschichte des Mittelalters und der Neuzeit, Georges Minois, kommt so zum Schluss: *„Die christliche Hölle ist die perfekteste, totalitärste und alle Hoffnung zunichte machende Maschine, die der menschliche (religiöse - J. F.) Geist zum Verderb der Bösen je erfunden hat"*[46] Und etwas später fügt er noch an: *„Die christliche Hölle ist wirklich die absolute Hölle, die schrecklichste, das Individuum vernichtende Maschine, die jemals erfunden wurde, und die anderen Höllen sind demnach kindliche Versuche, Spielereien."*[47]

Der Theologe Vorgrimler stellt am Ende seines Buches über die Hölle einige bedenkenswerte Fragen:

„Welchen Rang hätte eine Liebe (zu Menschen, aber gerade auch diejenige zu Gott), die durch Höllendrohungen erzwungen oder auch nur wesentlich motiviert wäre?

- Welchen Stellenwert hätte eine Sittlichkeit, die primär aus Furcht vor einer Höllenstrafe erzwungen wäre? (Eine analoge Frage ist hinsichtlich der Verlockung durch himmlischen Lohn zu stellen.)

- Welches Niveau hätte eine Strafe, die mit den Gedanken von Vergeltung und Rache begründet wird?

- Welche Moralität wäre einem Gott zuzuschreiben, der Vergehen, und wären sie noch so schwerwiegend, mit einer radikal unverhältnismäßigen Strafe ahnden würde?"[48]

Die Antworten kann sich jede/r selber geben.

3.15 Exkurs: Sektenkriterien des Berufsverbandes deutscher PsychologInnen

Den großen Landeskirchen machen die unaufhaltsam wachsenden Austrittszahlen ihrer Mitglieder arg zu schaffen. Umgekehrt erleben religiöse Sondergemeinschaften, Sekten und esoterische Strömungen ungebremsten Zulauf. In fast allen Bundesländern der Bundesrepublik Deutschland und in vielen Kantonen der Schweiz sind Stellen für sogenannte Sektenbeauftragte eingerichtet worden - zumeist organisiert und finanziert von den großen Landeskirchen. Diese prangern mit Recht destruktive und für viele Opfer verhängnisvolle Praktiken der neu- und parareligiösen Szene an, lenken damit aber - vermutlich unabsichtlich - von den in ihren Kirchen und Lehrbüchern ebenfalls teilweise innewohnenden problematischen Handlungen und Denkmustern ab (vgl. Kapitel 3.).

Der Berufsverband deutscher PsychologInnen e.V. hat 1997 eine Checkliste zur Einschätzung von Sekten und ähnlichen Gruppierungen veröffentlicht: Was macht eine Gruppe problematisch bis gefährlich? Wodurch wird sie zum destruktiven Kult, der Menschen in die Abhängigkeit führt, ausbeutet oder zerstört? Welche Mechanismen kommen zur Anwendung? Die Liste ist in sechs Bereiche gegliedert, die bei den einzelnen Gruppen zu Problemfeldern werden können oder schon geworden sind. Es scheint mir lohnenswert, die Kriterien für einmal nicht mit religiösen oder parareligiösen Gruppen, sondern mit dem in den Kapiteln 3.1 - 3.14 dargestellten biblischen Gedankengut kurz zu vergleichen; ich werde dabei nur einige Schwerpunkte prüfen und in eckigen Klammern knapp kommentieren.

„1. Ideologie, Theorie, Glauben, Ziele

- ‚Überwertige Idee': Das Paradies auf Erden oder der ‚neue Mensch' ist mit Hilfe der Lehre kurzfristig herstellbar (Allmachtsphantasien, Größenwahn).

[Ansatzweise, zumindest für eine spätere Zeit, vorhanden.]

- Wahrheitsmonopol: Die Gruppe hat (ihrer Ansicht nach) das einzig gültige Welterklärungssystem. *[Lässt sich in der Bibel immer wieder nachweisen.]*

- Schwarz-Weiß-Denken: Einfache Gut-Böse- oder Richtig-Falsch-Muster prägen das Denken und Handeln.

[Ebenfalls an vielen Stellen erkennbar.]

- Endzeitvision: Der Weltuntergang ist nahe (für Ungläubige).

[Da die biblischen Texte in einer Endzeitstimmung entstanden sind: klar ersichtlich.]

- Rettungsplan: Patentrezepte, die das Heil (nur für Gläubige) versprechen.

[Gleichzeitig wird das Unheil für Ungläubige angedroht.]

- Expansiver Machtanspruch: ‚Wir müssen die Welt retten', ist der Tenor.

2. Die zentrale Figur: Führer, Guru, Meister(in)

- Führerkult: Er/Sie wird als Gott, Heiliger oder ‚Channel' verehrt, ist allmächtig, hellsichtig oder hat Wunderfähigkeiten.

[Fast durchgängig existent. Allerdings ist die Wundertätigkeit recht selektiv.]

- Führungsstil: Er/Sie hat oberste (nicht mehr kritisierbare) Autorität, verlangt kritiklose Loyalität und beansprucht Wahrheitsmonopol. *(Voll zutreffend]*

- Charismatisierung: Heiligenverehrung und idealisierende Legendenbildung werden propagiert.

3. Gruppenstruktur: Elitengemeinschaft

- Abschottung nach außen: Die Gruppe ist ein geschlossenes System mit starren Außengrenzen.

[Teilweise erkennbar, aber nicht durchgängig]

- Hohe Gruppenkohäsion: Die Gruppe hält zusammen, wie Pech

und Schwefel, überwacht, kontrolliert und bestraft sich gegenseitig. Eventuell gibt es eine interne Sondersprache.
- Es existiert eine steile Hierarchie, mit Befehlsgewalt der Oberen, Gehorsam des einfachen Mitglieds und gestaffeltem Informationssystem.
[Klar ersichtlich]
- Elitebewusstsein: Gruppenmitglieder fühlen sich als Avantgarde zur Rettung der Welt/Menschheit. Missionierungszwang und/oder Märtyrerideologie prägen das Gruppenbewusstsein.
[Teilweise erkennbar]
- Ausbeutung: Gruppenntitglieder lassen sich (mehr oder weniger freiwillig) materiell oder/ und als billige Arbeitskräfte ausnutzen.
- Subversive und illegale Tätigkeiten: Die Gruppierung glaubt, über dem Gesetz zu stehen und drängt Mitglieder (offen oder versteckt) zu illegalen Tätigkeiten (Erpressbarkeit).
4. Einfluss auf das Mitglied
- Entindividualisierung: Die totale Hingabe wird gefordert, die Gruppe und das gemeinsame Ziel sind wichtiger als der einzelne.
[An vielen Stellen sehr ausgeprägt, vgl. Kap. 3.10]
- Einfluss auf die alltägliche Lebensgestaltung: Es gibt Vorschriften für Essen, Kleidung, Körperpflege, Tagesgestaltung, Ausgangs- und Kontaktsperren, Telefon- und Briefkontrollen. Beziehungen und Sexualität werden reglementiert.
[Zumindest bei der Sexualität finden wir rigide Vorschriften und Gebote.]
- Materielle Abhängigkeit: Das Gruppenmitglied hat kein Privateigentum und/oder kein Geld. Es wird für seine Arbeit nicht bezahlt, und es ist nicht kranken-, unfall- oder rentenversichert. Pass, Führerschein und ähnliches werden gemeinsam aufbewahrt.
- Magisches Denken herrscht in der Gruppe vor. ‚Alles ist vorbestimmt', ‚Gott will es so'

[Weitgehend zutreffend, ein zentrales Glaubensmuster.]

- *Bruch mit der persönlichen Lebensgeschichte: Beziehungen zur Herkunftsfamilie, zu Partnern und Freunden werden abgebrochen. Schule, Studium, Beruf aufgegeben. Die bisherige Lebengeschichte wird uminterpretiert.*

[Teilweise zutreffend; vgl. z. B. Kap. 3.10.]

- *Sektenidentität: Das Gruppenmitglied bekommt einen neuen Namen, bewegt sich fast ausschließlich in der Gruppe und unterliegt einer allmählichen ‚Umwertung aller Werte'. Damit einher geht ein Verlust von Realität und von Tauglichkeit für ein Leben außerhalb der Gruppe. Es entwickelt sich psychische Abhängigkeit.*

[Diese Gefahr besteht zumindest]

5. Techniken zur Persönlichkeitsveränderung

- *Es werden emotionsmobilisierende, euphorisierende und bewusstseinsverändernde Techniken eingesetzt. Hyperventilation, Chanten, Zungenreden, Exzessive Meditation.*

- *Wiederholte Labilisierung durch Fasten, Schlafentzug, körperliche und psychische Überforderung, sensorische Deprivation und ähnliche Techniken.*

- *Das Ziel ist dabei eine Art ‚Spirituelles Erlebnis', das von der Gruppe dann als Geburt des wahren Menschen interpretiert wird (‚Endlich habe ich mich selbst gefunden').*

[Teilweise erkennbar]

6. Kontakte nach außen und Umgang mit Ehemaligen und Kritikern

- *Die Gruppe praktiziert manipulative Anwerbemethoden, in denen mit unrealistischen Versprechungen Menschen geködert werden.*

[Unrealistische Versprechungen mit Heilslohn, Seligkeit, ewigem Leben usw. sind erkennbar]

- *Bunkermentalität: Die Gruppe kapselt sich massiv ab (‚innen der Himmel, außen die Hölle').*

[Vielen Texten innewohnendes Denkmuster]

- *Es herrschen Verschwörungstheorien und Verfolgungswahn vor.*
- *Es gibt keinen legitimen Grund aus der Gruppe auszusteigen; deshalb werden Ehemalige zu Unpersonen erklärt (‚vogelfrei', Kontaktabbruch), die mitunter erpresst werden.*
- *Kritiker werden eingeschüchtert, und es wird versucht, sie mit Drohungen, öffentlichen Diffamierungen, Telefonterror, Gerichtsprozessen oder sogar körperlichen Attacken mundtot zu machen.* "[49]

[Stark zutreffend bezüglich Einschüchterung, Verunglimpfungen und Tätlichkeiten; vgl. z. B. Kap. 3.6]

Kurzes Fazit: Das biblische Denk- und Glaubensmuster enthält erschreckend viele Ideen, Überzeugungen und Praktiken, die sich in Sekten und sektenartigen Gruppierungen finden. Erstaunlich bleibt, wie diese Ähnlichkeiten anscheinend den wenigsten Zeitgenossen ins Auge springen.

3.16 Und jetzt?
Einige Anregungen

Offenheit statt absolute Gewissheit

Die Bibel liefert immer noch als eine Art heimlichen Lehrplan unterschwellige Botschaften für Ethik und Pädagogik in unserer Gesellschaft und unseren Schulen.

Ich habe in diesem Kapitel an einigen wenigen ausgewählten Beispielen zu zeigen versucht, wie zahlreiche und zentrale Bibelinhalte Hindernisse einer positiven menschlichen Moral sein können. Viele der biblisch-christlichen Glaubenslehrsätze sind gegen die Entwicklung des moralischen Potentials der Menschen und ihre gesunde emotionale, kognitiv-geistige, soziale und sinnliche Entwicklung gerichtet. Es ist lächerlich zu glauben, dass Menschen sich zu moralischen Wesen entwickeln können, wenn man ihnen immer wieder droht und Angst einflößt, ihnen Schuldgefühle einjagt, sie wie kleine Kinder in früheren Zeiten behandelt, ihre Identitätsentwicklung behindert und sie nötigt, vor ihren natürlichen Regungen Angst zu haben. Biblische Denkmuster fördern Infantilisierung und Regression und verhindern die Entwicklung von Selbstverantwortung und Mündigkeit. Das biblische Menschenbild ist schlecht und bedeutet häufig Unterwerfung, absoluten Gehorsam, massive Drohungen, Rechtlosigkeit u.v.m. Viele Menschen haben unter ihrer christlichen Erziehung gelitten und häufig deswegen - manchmal schwere - psychische Probleme bekommen; als kleine Auswahl sollen nur die folgenden autobiographischen und klinisch-psychiatrischen Schriften und Dokumente Erwähnung finden: Moser 1976 (vgl. dazu Kapitel 5.), Mynarek 1980, Dröge 1984, Frischmuth 1984, Glötzner 1984, Gottschaldt 1984, Grün 1984, Hark 1984, Jakob 1984, Scherf 1984, Richter 1985, Ringel 1986, Noll 1989, Rudolf 1990, B. und K. Deschner 1992, Neumann 1994, Bartholomäus 1994, Hole 1994, Knölker 1994, Watters 1995.

Keine Autorität kann heute noch den Anspruch erheben, ein für allemal und mit Gültigkeit für alle Menschen auf Fragen der Weltanschauung oder normativen Orientierung absolut gewisse und ewig gültige Antworten zu geben. Wissenschaft und Vernunft können nicht (und nie!) alle Fragen beantworten, für die früher die Religionen Lösungen zu bieten schienen. Wissenschaft ist keine neue Instanz für absolute Erkenntnisgewissheiten. Dies unterscheidet sie grundsätzlich vom Anspruch der Offenbarungsreligionen. Es gilt, Abschied zu nehmen von geschlossenen Konzepten, überholten Mythen und seligmachenden Doktrinen. Alle Projekte, die totale Erfüllung versprachen und versprechen, sind bisher gescheitert oder werden scheitern.

Die christlich-biblische Religion ist auch deshalb fundamentalistisch, weil sie ihre Hypothesen als Letztes, Unhinterfragbares ausgibt und ein endgültiges Rezept für das Heil verkündet. Diese Behauptung der absoluten Wahrheit und Unfehlbarkeit ist fundamentalistisch. Der Fundamentalismus (bzw. seine AnhängerInnen) fühlt sich als Vertreter und Beauftragter einer - meist Gott genannten - absoluten Wahrheit, die keine Zweifel, keine hinterfragbare Vernunft, keinen Diskurs zulässt. Er stellt eine dauernde Versuchung dar, weil er den Menschen die Last (und Lust) kritischen Denkens erspart, an die Stelle angestrengten Prüfens die vermeintliche Sicherheit des Glaubens, die Starrheit (und Sturheit) unerschütterlicher Überzeugung setzt.

Der von Fundamentalisten erhobene Anspruch auf Absolutheit ist ein totalitärer Anspruch, der leicht in Gewalt umschlägt.[50] Wer glaubt, wird gerettet, wer nicht glaubt, wird verdammt, heißt es etwa bei Markus 16, 16 und bei Johannes 3, 18. Auch im Korinterbrief tönt es ähnlich: *„Einen andern Grund kam niemand legen als den, der gelegt ist, und das ist Jesus Christus."* (1. Korintherbrief 3, 11) Es sind aber letztlich nicht die Inhalte, die den Fundamentalismus charakterisieren, sondern „die Handhabung bestimmter Erkenntnisansprüche als allem Zweifel entzogen und daher jedem kritischen Dialog unzugänglich".[51] So sind nicht nur Religionen, sondern auch Parteien, Klubs, Vereine usw. gefährdet, fundamentalistische Strukturen zu entwickeln.

Buddha wendet sich gegen das Doktrinär-Normative und preist die Vernunft und den Zweifel mit den folgenden Worten:

„Deine Zweifel sind begründet ... Höre meine Anweisung: Glaube nicht auf blosses Hörensagen hin; glaube nicht an Überlieferungen, weil sie alt sind und durch viele Generationen bis auf uns sind; glaube nichts auf Grund von Gerüchten oder weil die Leute viel davon reden; glaube nicht, weil man bloß dir das geschriebene Zeugnis irgendeines alten Weisen vorlegt; glaube nie etwas, weil Mutmaßungen dafür sprechen oder weil langjährige Gewohnheit dich verleitet, es für wahr zu halten, glaube nichts auf die bloße Autorität deiner Lehrer und Geistlichen hin. Was nach eigener Erfahrung und Untersuchung mit deiner Vernunft übereinstimmt und zu deinem eigenen Wohle und Heile wie zu dem aller anderen Wesen dient, das nimm als Wahrheit an und lebe danach."[52]

Kriterien für eine menschenfreundliche Religion

Kriterien für eine positive Beurteilung einer Konfession oder Religion sind zum Beispiel sind die Fähigkeit, die Menschen zu einer stabilen Identität und Mündigkeit zu führen, die unantastbare Würde des Menschen zu achten und zu schätzen und das Recht auf die freie Entfaltung der Persönlichkeit nicht durch Glaubens-, Gewissens- oder Bekenntniseinschränkungen zu behindern. Alle Bestrebungen, die die seelische Gesundheit und das psychisch-körperliche Wohlergehen des Menschen fördern und helfen, die sinnvolle und befriedigende Bewältigung von wichtigen Lebensaufgaben wie Sexualität, Partnerschaft, Beruf,

Gemeinschaft, Freundschaft und Identität zu unterstützen, sind wertvoll. Herzka (1993)[53] schlägt in einem anderen Zusammenhang in Analogie zur Umweltverträglichkeitsprüfung für die Auswirkungen größerer staatlicher und privater Projekte (z. B. Straßenplanung) auf Kinder eine Kinderverträglichkeitsprüfung vor. Vielleicht müsste der Aspekt der Kinderverträglichkeit auch auf die Bibel und die Religionen bezogen werden? Kriterium für die positive Qualität einer Religion bzw. Konfession wäre deren Fähigkeit, Heil zu stiften in der diesseitigen Welt - ohne ‚Heilmittel', die zur Abhängigkeit führen. Nochmals: Bietet mir mein moralisches Lehrbuch, mein Glaube oder meine Kirche ein Diskursrecht, freie Selbstbestimmung, das Recht auf Zweifel, das Recht auf Unversehrtheit, Freiheit von Bevormundung, das Recht auf Dissidenz, Demokratie, die Einhaltung der Menschenrechte? Die biblisch-christlich Version erfüllt diese Kriterien leider nicht.

Dieses Buch hat meines Erachtens deutlich gezeigt, dass der biblische Gottesglaube aus heutiger Sicht und mit dem heutigen Wissen in (zu) vielen Teilen widersprüchlich, rational unverantwortbar und häufig ethisch unakzeptabel ist. Trotzdem kommen auch moderne, fortschrittliche und sympathische Theologen wie Küng zum erstaunlichen Schluss: *„Der biblische Glaube ist in sich stimmig, ist zugleich rational verantwortbar und hat sich in einer mehrtausendjährigen Geschichte bewährt."*[54]

Konsequenzen und Alternativen

Verstehen wir gemäß Duden unter Religion „religiöse Scheu, Gottesfurcht"[55], dann lehne ich Religion in dieser Form ab. Wozu soll ich mich vor einem Gott oder göttlichen Wesen fürchten? Was bringt mir - und diesem Wesen - das? Höffes[56] Definition der Religion ist umfangreicher: *„a) Ein Glaube an übernatürliche Wesen (→ Gott) und Kräfte, b) die Unterscheidung heiliger* *und profaner Gegenstände, c) rituelle Akte, die sich um heilige Gegenstände zentrieren, d) die Annahme eines vom Göttlichen angeordneten und sanktionierten Moralkodex, e) spezifische Gefühle, die in Gegenwart heiliger Gegenstände und ritueller Praxis entstehen und in Verbindung gesetzt werden zum Göttlichen, f) Gebete und andere Formen der Kommunikation mit dem Göttlichen, g) eine aus Erzählungen, Bildern und Begriffen zusammengesetzte Vorstellung von Natur und Geschichte im ganzen, die den Platz des Individuums in der Welt und die Möglichkeit seines (irdischen oder jenseitigen) Heils oder Unheils, seiner Erlösung oder Verdammung vorzeichnet, h) eine Art der Gemeinschaft, die durch Anerkennung und Praxis des eben Genannten konstituiert wird (Kirche, Religionsgemeinschaft). Die verschiedenen geschichtlichen Religionen sind durch die Betonung eines oder mehrerer der genannten Grundzüge charakterisiert.*"[56] Jeder dieser Grundzüge birgt mögliche Chancen und positive Möglichkeiten, häufig aber leider auch gefährliche Potentiale in sich, wie die 2000jährige Geschichte des Christentums und bibelgläubige Menschen aller Zeiten immer wieder beleg(t)en.

Warum deshalb nicht ein Lebensentwurf ohne Religion, ohne transzendente Autorität(en)?

Wie könnten - aus dem dargelegten - mögliche Konsequenzen aussehen? Ich sehe mehrere Ansätze.

1. Die Verantwortlichen könnten die Bibel von allen inhumanen Teilen befreien und so eine massiv verkürzte (und damit bessere, menschengerechtere) Fassung herausgeben. Das wäre ein mutiger und - nach bald 2000 Jahren! - notwendiger Schritt.

2. Es wird ein gänzlich neues, zeitgemäßes Werk (ich denke an ein völlig neues Ethikbuch) verfasst, das mit interdisziplinärer und internationaler Beteiligung erarbeitet wird. Hier wäre seitens der Kirchen noch mehr Mut erforderlich.

3. Die Bibel wird offiziell als zwar historisch interessantes, aber aus weit zurückliegender Vergangenheit stammendes Geschichten-Buch klassifiziert und gleichzeitig als ethisches Lehr-

buch nicht mehr verwendet - auch nicht in den Kirchen und den Schulen.

4. Als Ersatz für Religionsunterricht wird in den Schulen ein überkonfessionelles Fach für Ethik (grundlegende Werte und Menschenrechte, Religionen, nichtreligiöse Bekenntnisformen) eingeführt.

5. Die Trennung von Kirche und Staat wird in allen Bereichen vollzogen. Keine Kirche oder Religion wird künftig mehr mit Steuergeldern bevorzugt und unterstützt; humanitäre Leistungen der Kirchen sind weiterhin zu vergüten, sofern sie allen BürgerInnen und ohne religiöse Beeinflussung angeboten werden.

Dazu gehört auch die Privatisierung der theologischen Fakultäten an den Universitäten: diese werden zu privatrechtlichen Instituten.

6. Wir müssen so oder so, ob es Gott gibt oder nicht, die Welt, unser Leben selber und eigenaktiv gestalten. Kein höheres Wesen kann uns die Aufgaben des Lebens abnehmen; jede Delegation dieser Aufgaben wäre gefährlich. Die Normen des Handelns und den Lebensentwurf muss jeder Mensch aus sich - in Auseinandersetzung mit seiner Umgebung - schöpfen und dafür die Verantwortung übernehmen. Kein höheres Wesen, keine wie auch immer ausgestaltete Instanz und auch keine Menschen (Theologen, Ideologen, Parteifunktionäre, Politiker, Psychologen ...) können diese Verantwortung übernehmen. Zum Mündigwerden und Mündigsein in dieser Welt gehört die Einsicht, dass die Wirklichkeit, das Leben, die eigene Existenz, das eigene Denken, das Erkennen und das Handeln ein erst mit dem Tod endender Prozess ist, in dem wir Teilwahrheiten, Teilwerte, teilweises Glück, einige Ziele, vorläufige Geborgenheit, provisorischen Sinn - also immer nur Relatives - erreichen können.[57]

Ist das zu wenig? Psychologisch wichtig ist es deshalb, die Fähigkeit zum Aushalten offener und mehrdeutiger Situationen und die Veränderungsfähigkeit der eigenen Identität zu erwerben und zu unterstützen.

7. Moralisches Fühlen und Handeln kann auch ohne Religion stattfinden. Nach Bayle soll die Moral aus allgemeingültigen Grundsätzen - wir können hier z. B. die Menschenrechte u.a. einsetzen - und nicht aus dem Glauben abgeleitet werden. Von einem atheistischen Standpunkt aus sind alle sogenannten religiösen Bedürfnisse in Wirklichkeit säkulare Bedürfnisse: Es sind Wünsche, die Menschen jetzt und hier zeigen. Verständnis, Ermutigung, Unterstützung, Hilfe, Trost, Zuversicht, Hoffnung, Anregung, Begleitung, Information, Sinnfragen usw.: All dies ist menschlich, weltlich. Religion ist aus atheistischer Sicht eine Projektion menschlichen Sehnens; die Idee beispielsweise, dass man mehr als seinen Anteil an der Existenz haben kann, ist für fast alle Menschen eine unwiderstehliche Versuchung. So kann Religion auch als ein Versuch verstanden werden, menschliche Bedürfnisse zu befriedigen. Nur: Für Leiden und Elend, Versagen und Schuld, Krankheit und Unglück, Tod und Verlust, Ungerechtigkeit und anderes können religiöse wie areligiöse Menschen auch außerhalb kirchlicher Institutionen und ohne heilige Bücher wie die Bibel Trost, Verständnis, Hilfe und Sinn finden: So etwa bei verlässlichen FreundInnen, in säkularen Gruppen und Gemeinschaften, im Tätigsein in sozialen Institutionen und Aktionen, im persönlichen Engagement für eine menschlichere Welt, bei psychologischen BeraterInnen und manchmal auch durch Lektüre. Gemeinschaft, Unterstützung, Solidarität oder Freundschaft praktizieren beispielsweise über 10000 freiwillige HelferInnen bei Humanitas, der Wohlfahrtsorganisation der niederländischen Humanisten: Sie betreuen Flüchtlinge, begleiten Ferienfahrten für Kinder oder kümmern sich um trauernde Hinterbliebene. Auch Gruppen wie *Greenpeace, Amnesty International* oder *Médécins sans frontières* bieten Möglichkeiten für die Befriedigung vieler menschlicher Bedürfnisse und Anliegen.

8. Zudem besteht heute ein ausreichendes und weitaus besser fundiertes psychologisches und naturwissenschaftliches Wissen, sowie ein von überholten Glaubensformeln befreites, global

praktizierbares Ethikangebot, um Menschen über sich und die Welt aufzuklären.[58]

Eine gute Einführung in ein Leben ohne Religion bietet der US-Amerikaner Paul Kurtz in seiner Schrift *Leben ohne Religion - Eupraxophie.* 1993. Weitere Anregungen zu einer religionsfreien Ethik gibt der englische Philosoph Bertrand Russell, zusammengefasst in meiner Schrift über Russell.[59]

9. Menschen sollen und können um ihrer selbst willen zu Tugend bewegt werden, die keinen Lohn erwarten als die Befriedigung über eine vollbrachte gute Tat oder das freundliche Lächeln des Anderen. Wo aber der Mensch etwas aus sich selbst tut, weil es ihm seine eigene Einsicht, sein Mitgefühl oder seine Vernunft und Verantwortung sagt, da hebt sich die Notwendigkeit der Religion auf.

Anmerkungen zum Kapitel 3

Anmerkungen zum Kapitel 3.1

1 Feuerbach, Ludwig: Das Wesen des Christentums. Reclam Stuttgart 1974, S. 405

2 Paul Thiry d'Holbach: Das System der Natur. Zitiert nach: D. Hoerster: Religionskritik. Reclam Stuttgart 1984, S. 37

3 Epikur: Von der Überwindung der Furcht. Artemis Zürich 1968, S. 136

4 Buggle, Franz: Denn sie wissen nicht, was sie glauben. Rowohlt Hamburg 1992, S. 21

5 Schulte, Günter: Die grausame Wahrheit der Bibel. Campus Frankfurt 1995, S. 18/19

6 Bandura, Albert: Aggression. Eine sozial-lerntheoretische Analyse. Klett-Cotta Stuttgart 1979

7 Watters, Wendell: Tödliche Lehre. Angelika Lenz Verlag Neustadt 1995, S. 247

8 In: Damon, William: Die soziale Entwicklung des Kindes. Klett-Cotta Stuttgart 1989, S. 380/381 und: Oerter, Rolf/Montada, Leo: Entwicklungspsychologie. Beltz PVU Weinheim 1995, S. 872-878

Anmerkungen zu Kapitel 3.2

9 Vgl. Frick, Jürg: Abgeholt werden, wo die psychische Not drückt. Verführbarkeit von Jugendlichen durch totalitäre Gruppierungen. Neue Zürcher Zeitung, 25.11.1993, S. 79 sowie:

Frick, Jürg: lntrapsychische Bereitschaften und Gehorsamsprozesse. Pädagogische Welt Donauwörth. März 1994, S. 112-117

10 Feuerbach, zitiert nach: M. Buhr (Hg.): Weisheiten. Zeugnisse philosophischer Weisheit aus zweieinhalb Jahrtausenden. Bibliographisches Institut Leipzig 1990, S. 56

Anmerkungen zu Kapitel 3.4

11 Fleiner, Thomas: Was sind Menschenrechte. Pendo Zürich 1996, S. 12

12 Diderot, zitiert nach: M. Buhr (Hg.): Weisheiten. Zeugnisse philosophischer Weisheit aus zweieinhalb Jahrtausenden. Bibliographisches Institut Leipzig 1990, S. 53

Anmerkungen zu Kapitel 3.5

13 Nach: Diesseits 2/1997. Zeitschrift für Humanismus und Aufklärung. Berlin 1997

Anmerkungen zu Kapitel 3.6

14 Fleiner 1996, S. 81

Anmerkungen zu Kapitel 3.7

15 ebda., S. 162

Anmerkungen zu Kapitel 3.8

16 Zitiert nach: Stasius, Horst: Menschenrechte. Rowohlt Reinbek 1987, S. 81/82

17 Herzka, Heinz Stefan: Kinder haben Rechte. Horw 1993, S. 10

Anmerkungen zu Kapitel 3.9

18 Noll, Wynfrith: Wenn Frommsein krank macht. Socio medico Planegg 1989, S. 27

19 Bartholomäus, Wolfgang: Formungen und Verformungen der sexuellen Entwicklung durch religiöse Erziehung. In: Klosinski 1984, S. 137

Anmerkungen zu Kapitel 3.10

20 Höss, Rudolf: Kommandant in Auschwitz. Dtv München 1978, S. 24/25

21 Vgl. Miller, Alice: Am Anfang war Erziehung. Suhrkamp Frankfurt 1980, S. 242-267

Anmerkungen zu Kapitel 3.11

22 Feuerbach: Das Wesen..., S. 401

23 Fleiner 1996, S. 28

24 ebd., S. 41

25 ebd , S. 43

29 ebd., S. 158

Anmerkungen zu Kapitel 3.12

27 Milgram, Stanley: Das Milgram-Experiment. Zur Gehorsamsbereitschaft gegenüber Autorität. Rowohlt Hamburg 1982

28 Rohrbach, Heiko: Befreiung von biblischen Alpträumen. Wider Sintflut und Höllenangst. Kreuz, Stuttgart 1994, S. 20 bzw. S. 39

Anmerkungen zu Kapitel 3.13

29 ebda., S. 20 bzw. S. 39

30 Fleiner 1996, S. 145

Anmerkungen zu Kapitel 3.14

31 Minois, Georges: Die Hölle. Diederichs München 1994, S. 106/107

32 Vorgrimler, Herbert: Geschichte der Hölle. Fink München 1993, S. 79/80

33 Minois 1994, S. 336/337

34 Fleiner 1996, S. 86

35 ebd., S. 89

36 Minois 1994, S. 351/352

37 ebd., S. 352

38 ebd., S. 393

39 ebd., S. 394

40 ebd., S. 401/402

41 ebd., S.117

42 Amnestie! Das Magazin für Menschenrechte. Bern Oktober 1997

43 Minois 1994, S. 313

44 Rutschky, Katharina: Deutsche Kinderchronik. Kiepenheuer und Witsch Köln 1983, S. 293/294

45 Vorgrimler 1993, S. 172/173

46 Minois 1994, S. 196

47 ebd., S. 308

48 Vorgrimler 1993, S. 443/444

Anmerkungen zu Kapitel 3.15

49 Berufsverband deutscher PsychologInnen e.V.: Was eine alternativ-spirituelle Gruppe zur Sekte macht. Bonn 1997

Anmerkungen zu Kapitel 3.16

50 Künzli, Arnold: Fundamentalismus als Flucht aus der Moderne. In: Paulus-Akademie (Hg): Fundamentalismus in der modernen Welt. Dokumentation zur Tagung vom 24./25.11.1995 in Zürich, S. 30

51 Meyer, Thomas: Fundamentalismus. Der Kampf gegen Aufklärung und Moderne. Humanitas Dortmund 1995, S. 11

52 Zitiert nach: Mynarek, Hubertus: Denkverbot. Fundamentalismus in Christentum und Islam. Knesebeck München 1992, S. 51

53 Herzka, Heinz Stefan: Die Kinderverträglichkeitsprüfung. In: Stiftung für das Kind (Hg.): Kinder haben Rechte. Horw 1993, S. 19-20

54 Zitiert nach: Buggle, Franz: Denn sie wissen nicht, was sie glauben. Warum man redlicherweise nicht mehr Christ sein

kann. Rowohlt Hamburg 1992, S. 22

55 Dudenredaktion (Hrsg.), Duden. Etymologie der deutschen Sprache. Band 7. Mannheim 1963, S. 563

56 Höffe, Otfried (Hrsg.): Lexikon der Ethik. Beck München 1986, S. 208
Vgl. auch: Tokarew, S.A.: Die Religion in der Geschichte der Völker. Pahl-Rugenstein Köln 1980 sowie: Bertholet, Alfred: Wörterbuch der Religionen. Kröner Stuttgart 1985 und: Weltbild (Hrsg), Enzyklopädie der Religionen. Weltbild Augsburg 1990

57 Vgl. dazu Mynarek, Hubertus: Denkverbot. Fundamentalismus in Christentum und Islam. Knesebeck München 1992, S. 31

58 Vgl. Juple, Hans: Gedanken zu Glauben, Wissen und Religion. In: Freidenker. Monatsschrift der Freidenkervereinigung der Schweiz. Basel Nr. 1/1996, S. 1-3

59 Frick, Jürg: Menschenbild und Erziehungsziel. Pädagogische Theorie und Praxis bei Bertrand Russell. Haupt Bern 1990, S. 22-48, 49-80

Buchtips zur Vertiefung

Buggle, Franz: Denn sie wissen nicht, was sie glauben. Warum man redlicherweise nicht mehr Christ sein kann. Rowohlt Hamburg 1992

Feuerbach, Ludwig: Das Wesen des Christentums. Reclam Stuttgart 1974

Mynarek, Hubertus: Denkverbot. Fundamentalismus in Christentum und Islam. Knesebeck München 1992

4. Was (das!) sollen Kinder glauben? Eine Kritik an Ethik und Pädagogik in Kinderbibeln

„Ich meine, es würde sehr lange dauern, bis ein nicht beeinflusstes Kind anfinge, sich Gedanken über Gott und Dinge jenseits der Welt zu machen ... man führt ihm die religiösen Lehren zu einer Zeit zu, da es weder Interesse für sie noch die Fähigkeit hat, ihre Tragweite zu begreifen ... Wenn dann das Denken des Kindes erwacht, sind die religiösen Lehren bereits unangreifbar geworden ... Wer sich einmal dazu gebracht hat, alle die Absurditäten die die religiösen Lehren ihm zutragen, ohne Kritik hinzunehmen und selbst die Widersprüche zwischen ihnen zu übersehen, dessen Denkschwäche braucht uns nicht arg zu verwundern ... Aber ich will meinen Eifer ermäßigen und die Möglichkeit zugestehen, dass auch ich einer Illusion nachjage. Vielleicht ist die Wirkung des religiösen Denkverbots nicht so arg, wie ich's annehme ..."[1]

Diese Stellungnahme Freuds in seiner Schrift *Die Zukunft einer Illusion* von 1927 zeigt in aller Kürze seine grundlegend skeptisch-ablehnende Einstellung zur religiösen Erziehung von Kindern. Ich werde in diesem Kapitel ebenfalls einige kritische Anmerkungen und Fragen zu diesem Thema zur Sprache bringen.

Obwohl sich die Bibel nicht direkt an Kinder richtet, sind immer wieder Teile davon für Kinder aufbereitet worden. Bei den neueren Kinderbibeln zeigt sich vermehrt die Tendenz, die Geschichten nicht zusätzlich erzählerisch zu überfrachten, sondern möglichst eng am biblischen Originaltext zu bleiben. Damit wird freilich die Fragwürdigkeit sowohl der Kinderbibeln als auch des Originaltextes erneut offenkundig.

Ich beschränke mich angesichts der fast unübersehbaren Fülle von Kinderbibeln auf drei neuere und verbreitete Einführungen in die Bibel für Kinder: U. Wensell, *Die große Ravensburger Kinderbibel* (1995); M. Day, *Große Abenteuer der Bibel* (1995) sowie M. Truong u.a., *Die Bibel* (1995).

Vorweg möchte ich noch folgendes festhalten: Wie Kinder die verschiedenen Geschichten der Bibel letztlich verstehen, interpretieren und verarbeiten, hängt von vielen Faktoren ab und kann jeweils nur individuell beantwortet werden. So spielen das Alter des Kindes, sein emotionaler und kognitiver Entwicklungsstand, seine Beziehung zu den Eltern und Geschwistern und zum weiteren sozialen Umfeld, die momentane Stimmungslage, die Form der Vermittlung der Geschichte (selber lesen, wie und mit welcher Absicht wird die Geschichte von wem erzählt) usw. eine wichtige Rolle. Und: Welche zusätzlichen Erläuterungen geben Eltern den Kindern, wie beantworten sie deren Fragen usw.? So wirken beispielsweise problematische Geschichten wie die Erzählung von Abraham und Isaak bei Kindern mit einer sicheren, guten Bindung zu ihren Eltern mit großer Wahrscheinlichkeit anders als bei verängstigten und misshandelten Kindern. Kinder sehen zudem in einer Geschichte häufig ganz andere Dinge als wir Erwachsenen und lesen aus für uns nebensächlichen Aspekten für sie zentrale Aussagen heraus und umgekehrt, d.h.: jedes Kind verarbeitet seine Eindrücke spezifisch und individuell. So sind auch meine folgenden kritischen Fragen und Anmerkungen nur mögliche Interpretationsvarianten, die allerdings - leider - häufig bei Kindern stattfinden können. Bestimmte Geschichten legen durch ihre Konstruktion und ihre deutlich akzentuierte Hauptaussage - häufig durch Wiederholungen - sowie unterstützt durch veranschaulichende Bilder bestimmte Folgerungen und Denkfiguren nahe.

Ich wähle wiederum wie im Kapitel 3 aus einer Vielzahl bewusst paradigmatische Geschichten aus, die aus meiner Sicht - diesmal für Kinder - zumindest problematisch sein können; die

Die Sintflut

anderen, z. T. durchaus auch positiven Erzählungen in den Kinderbibeln sind zwar erfreulich, heben aber die Existenz der ersteren nicht auf.

Die *Ravensburger Kinderbibel* (RK) ist ein sehr schön gestaltetes großformatiges Werk, farbig und kindgerecht illustriert, auf hochwertigem Papier gedruckt und solide fadengeheftet. Ähnliches gilt für Days *Große Abenteuer der Bibel. Eine Reise durch die Welt des Alten Testaments* (GAB): Dieses besticht durch orientierende Illustrationen, Karten und Graphiken und berücksichtigt ansprechend gestaltet die moderne zeit- und umweltgeschichtliche Forschung. Das kleine Büchlein von Truong (TR) versteht sich schließlich als erste knappe Einführung, dessen Satz in der Einleitung ich nur unterstützen kann:

„Mit Hilfe der Bibel können wir unsere eigene Geschichte besser verstehen lernen. Denn unsere Art zu leben und zu denken ist zutiefst durch die christliche Religion geprägt." (TR, S. 3)

Als letzte Vorbemerkung sei noch darauf hingewiesen, dass nach Truong die Bibel für Millionen von Menschen ein sehr wichtiges Buch ist, „weil die Bibel für sie das Wort Gottes ist" (TR, S. 3). An dieser Aussage, die wohl die meisten Christen akzeptieren werden, sollten die folgenden Auszüge gemessen werden.

Das Denk- und Erkenntnisverbot, verbunden mit Drohungen

Beginnen wir beim Anfang, bei der Schöpfungsgeschichte: Wer vom Baum der Erkenntnis isst, muss sterben (RK, S. 18). Kinder sind von Natur aus neugierig, wissbegierig, und diese natürliche Eigenschaft verhilft ihnen zur Aneignung und Bewältigung der komplexen Wirklichkeit. Ein solches Verbot ist daher unsinnig und widerspricht allen entwicklungspsychologischen Gegebenheiten und Erkenntnissen.

Gott verbietet vom Baum der Erkenntnis zu essen, *„weil er nicht will, dass ihr werdet wie er und wisst, was gut ist und was* *böse".* (RK, S. 20) Warum sollen das Kinder nicht wissen? Kinder essen doch sinnbildlich gesprochen vom Baum der Erkenntnis, indem sie z. B. in den meisten Ländern der Welt jahrelang zur Schule gehen. Eine gute Ausbildung fördert die eigenen Lebensmöglichkeiten und verhilft gerade auch Mädchen zu mehr Selbstständigkeit und eigenständigerer Identität. Die moralische Erziehung schließlich hat die Entwicklung eines gesunden Über-Ichs zum Ziel. Erwachsene wollen doch die Kinder in die Welt der Werte und Normen einführen. Wozu braucht Gott dieses Monopol? Hier werden elementare anthropologische Grundlagen und Bedürfnisse des Kindes missachtet. Zudem ist es ja ein wichtiges Ziel in jeder Erziehung, dass Kinder lernen, was in ihrer Kultur als gut und was als böse gilt.

Weil Eva die Frucht vom Baum der Erkenntnis an Adam weitergab, wird sie von Gott bestraft: *„Du wirst viele Beschwerden haben und deine Kinder unter Schmerzen zur Welt bringen."* (RK, S. 22)

Wie versteht ein kleines Mädchen diese „Vorbereitung" auf eine ihrer möglichen Rollen als spätere Gebärende? Will es aus Angst später keine Kinder haben? Wird sich diese Angst auch auf die Sexualität ausdehnen? Sucht es nach dieser Geschichte Fehler und „Sünden" bei sich, um damit Unerfreuliches in seinem Leben erklären zu können? Müssen Kinder aus lernpsychologischer Sicht nicht eher - auch bei Unangenehmem und Schmerzlichem, aber Unabwendbarem - ermutigt werden? Wenn ich in der Kinderbibel zudem das schöne, doppelseitige Bild vom Garten Eden betrachte, begreife ich nicht, warum Gott einen solch fantastischen Lebensraum allen nachfolgenden Menschen wegen einer (angeblichen) Fehlhandlung von einer Person, Eva, vorenthalten wird.

Auf die unausweichlichen Fragen der Kinder, warum es Leid und Böses gibt, wenn Gott doch eine so gute Welt geschaffen hat, antwortet Truong mit einer (massiv verkürzten und dadurch den wahren biblischen Inhalt verschleiernden) Adam-Eva-Erzählung (*„weil sie sein wollten wie Gott")* und der Geschichte von Kain und Abel, ohne bei der letzteren die wahre Ursache oder zumindest den Auslöser zu erwähnen, nämlich Gottes unverständliche und willkürliche Ungerechtigkeit. So heißt es lapidar:

„Kain tötete aus Eifersucht seinen Bruder Abel. " (TR, S. 16) Eifersucht, eine zutiefst menschliche und überall verbreitete Regung (sogar Gott bezeichnet sich mehrfach als eifersüchtiger Gott! - vgl. z. B. 2. Mose 5) wird mit allem Bösen in der Welt in einen linearen Zusammenhang gebracht. So muss ein christliches Kind wohl lernen, seine Eifersuchtsgefühle abzuspalten, zu verdrängen oder auf andere zu projizieren. Hier würde die Bibel wohl besser einen sinnvollen Umgang mit der Eifersucht darstellen. Die Ungerechtigkeit Gottes sticht in der Darstellung von Day noch mehr ins Auge: *„Gott freute sich über Abels Opfergabe, aber aus irgendeinem Grund, den die Bibel nicht nennt, gefiel ihm Kains Geschenk nicht. Das ärgerte Kain gewaltig, denn er hatte doch den ganzen Sommer hindurch so hart gearbeitet, um diese Früchte großzuziehen. Er war nicht nur wütend über Gott, sondern auch eifersüchtig auf seinen Bruder Abel, weil Gott Abels Opfer bevorzugt hatte. "* (GAB, S.10) Day zeigt sogar deutliches Verständnis für Kains berechtigten Unmut, hinterfragt aber in der ganzen Geschichte die offenkundige Parteilichkeit und krasse Ungerechtigkeit Gottes an keiner Stelle. Mögliches Fazit: Autoritäten (Gott *und* Eltern?) dürfen nach Belieben schalten und walten, ungerecht und gemein sein - ihre Position bleibt unangetastet und wir müssen sie trotzdem lieben, verehren, ihnen gehorchen.

(Fast) alle Menschen sind schlecht...
und Gott todbringend?
Obwohl Rohrbach[2] die Sintflutgeschichte einen Alptraum nennt, gehört sie offensichtlich zum unverzichtbaren Repertoire von

Kinderbibeln, ja es existieren sogar Kinderbibeln, die nur diese Erzählung zum Inhalt haben.[3]

Wie sieht die Ravensburger-Fassung dazu aus? Gott sieht, dass die Menschen untereinander Streit haben, wird traurig und bereut es, die Menschen geschaffen zu haben. Er kann das nicht weiter mit ansehen und meint: *„Ich habe genug von den Menschen."* (RK, S. 26). Sogar die Tiere stören ihn nun. Wie versteht ein Kind diesen Teil der Geschichte? Jedes Kind streitet mit anderen. Haben mich nun die Eltern nicht mehr lieb? Die Bibel legt diese Deutung zumindest nahe. Nur einer, Noah, der mit niemandem Streit hatte (!), wird von Gott gemocht: Werden hier nicht völlig unrealistische und seltsame Vorbilder zelebriert? Welches Kind kann sich so der Liebe Gottes (und der Eltern) sicher sein? Gott zeigt sich für Kinder hier auch als sehr ungeduldig.

Die Menschen sind böse - darum überschwemmt Gott, in eindrücklichen Bildern dargestellt, die ertrinkenden Menschen, alles. Keine Worte des Bedauerns. Das gilt auch bei Day: Das Massensterben durch Ertrinken wird hier sogar in Text und Bild gänzlich ausgeklammert; die Geschichte wird dadurch vielleicht ein wenig harmloser, das göttliche Denken und Handeln bleiben verabscheuungswürdig. Zwar versprechen sowohl die Ravensburger-Kinderbibel wie die Day-Ausgabe allen nachfolgenden Kindern keine zweite Sintflut mehr. Trotzdem: Wie erleben Kinder solche Massenvernichtungen, die ohne Mitgefühl dargestellt werden? Welcher Umgang mit sogenannten bösen Menschen wird Kindern hier vorexerziert? Welche Bezüge zu sich stellen Kinder her? Welche Ängste können damit verbunden sein? Gott ist traurig, dass die Menschen Streit untereinander haben - wir erfahren aber nichts über eine Trauer über den Massenmord und das elende Sterben von Millionen von Menschen. Die Angemessenheit bzw. die Berechtigung von Trauer ist hier völlig auf den Kopf gestellt. Day bringt ein in der Bibel als paradigmatisch zu bezeichnendes Denkmuster in die Arche-Geschichte ein: *„Die*

Menschen kümmerten sich immer weniger um Gott, und sie wurden hartherzig und böse. " (GAB, 12) Also: Wer an Gott glaubt ist gut und weitherzig, wer sich weniger um Gott kümmert - also alle Andersgläubigen, Nicht-Gläubigen, Freidenker, Atheisten usw. - ist definitionsgemäß böse. Hier finden wir wieder einmal die in der Erwachsenen-Bibel hundertfach vorhandene autoritäre Verdammung und Stigmatisierung aller Nicht-Christen. Die Kinderrechtskonvention der UNO von 1990 erlässt im Artikel 2 ein Diskriminierungsverbot, das ausnahmslos allen Kindern alle Schutzrechte gewährt.

Bei Truong wird die Sache in knappen und dürren Worten abgehandelt: Gott beschließt, nur Noah zu retten, weil der ein guter Mensch war. (TR, S. 19) Moral der Geschichte: „Gute" werden gerettet, „Schlechte" werden umgebracht. Richtet sich die *„Botschaft der Liebe ... des Gottessohnes Jesus Christus "* tatsächlich *„an alle Menschen"?* (TR, S. 11) Laut Deckelumschlag ist die Truong-Bibel für Kinder ab 6 Jahren geeignet. Wirklich?

Die Sintflutgeschichte und andere Geschichten widersprechen übrigens in krasser Art und Weise dem berühmten Gebot *„ihr dürft nicht töten"* (GAB, S. 40): Wie werden aufgeweckte Kinder mit solchen offenkundigen Widersprüchen fertig? Warum tötet dann Gott? Darf nur Gott töten? Warum? Fragen über Fragen. Was antworten hier Eltern ihren Sprösslingen? Dem Geist der Sintflutgeschichte widersprechen klar mehrere Artikel der Kinderrechtskonvention: Artikel 37 erlässt z.B. das Verbot *„grausamer Strafen oder anderer grausamer, unmenschlicher und erniedrigender Behandlungen, der Todesstrafe".*

Eine Verräterin wird belohnt...
und der Feind vernichtet

Gott hat den Israeliten das Land Kanaan versprochen. Dazu werden zwei Spione nach Jericho geschleust, die von einer Einwohnerin (Rahab) zuerst versteckt werden. Als es zu gefährlich wird,

Sintflut

leistet sie ihnen Fluchthilfe. Mit Gottes Hilfe (und durch die Informationen der Spione) gelingt die Eroberung Jerichos. Alles wird niedergebrannt, nur die Verräterin Rahab und ihre Familie werden verschont. Die Moral der Geschichte: Die Frau, die ihr ganzes Volk verraten und dadurch seinen Untergang zumindest mitverschuldet hat, wird von Gott belohnt. Ein gutes Vorbild?

Es gibt nur einen Gott... gegen den Feind

Isebel als Königin von Israel betete aus der Sicht der Priester die „falschen" Götter an, besonders Baal:

„Es konnte nicht gut gehen, wenn die Israeliten sich vom wahren Gott, der sie aus Ägypten herausgeführt hatte, abwandten." (GAB, S. 58-59) Ein einfältiger Feuertest beweist schließlich die Überlegenheit des biblischen Gottes. Solche Geschichten fördern heute kaum die Toleranz der Kinder anderen Kulturen, Religionen und Lebensentwürfen gegenüber. Auch die wiedergegebenen Auszüge aus den Psalmen betonen Intoleranz und Abhängigkeit von Gott: *„Mit deiner Hand verjagtest du die fremden Völker. Mit deiner Hilfe kämpften wir unsere Feinde nieder, in deinem Namen schlagen wir sie zu Boden. Jetzt aber, Herr, hast du uns zurückgewiesen, du stehst im Kampf nicht mehr auf unserer Seite ... Wir sind in den Staub geworfen, wehrlos liegen wir am Boden."* (GAB, S. 70) Eine Frohbotschaft für Kinder? Mit Gottes Hilfe in den Kampf?

Der Turmbau zu Babel
oder Selbstbewusstsein ist nicht erlaubt

Zu dieser Geschichte müssen die Eltern ihren Kindern wohl einige Zusatzinformationen (welche?) liefern, damit ein halbwegs einsichtiger Handlungsablauf entsteht.

Bei Truong ändern sich die Menschen trotz der apokalyptischen Sintflut nicht, denn sie tun sich zusammen, um stärker zu sein als Gott. Gott verhindert ihr Werk durch die Sprachverwirrung (TR, S. 19).

Ähnlich lautet es in der Ravensburger Bibel: Die Menschen tun sich zusammen und bauen einen Turm in den Himmel: *„Dann werden alle sehen, wer wir sind und was wir können, und keiner wird uns auseinanderbringen!"* (RK, S. 35) Was lässt sich eigentlich dagegen einwenden? Menschen, die ein Selbstbewusstsein haben, tun sich zusammen und wollen zusammenbleiben! Das ist doch nur zu bejahen. Warum will das Gott nicht? Und was ist durch die anschließende Sprachverwirrung - die Menschen verstehen sich jetzt nicht mehr und eine Verständigung ist massiv erschwert - und das Auseinandergehen der Menschen besser geworden? Verschiedene Sprachen trennen Menschen doch eher! Bei Day bekämpften sich die Menschen nun als Folge der göttlichen Intervention und gingen auseinander (GAB, S. 14). Eine bessere Lösung?

Absoluter Gehorsam und Aufruf zum Kindermord

Die Ravensburger Bibel berichtet von Gott: *„Ich habe einen schwierigen Auftrag für dich, denn ich weiß, wie sehr du (Abraham) Isaak liebhast. Geh mit ihm auf einen Berg ... und bringe mir deinen einzigen Sohn als Brandopfer dar."* (RK, S. 42) Schweren Herzens, aber ohne den geringsten Einwand oder Widerstand macht sich Abraham mit Sohn, Esel und Holz auf den langen Weg. Unschuldig fragt Isaak unterwegs, wo das Lamm für das Opfer denn sei. Abraham gibt die unaufrichtige Antwort: *„Gott wird für ein Opferlamm sorgen."* (RK, S. 42) Wie deutet ein Kind wohl diese Geschichte? Identifizieren sich kleine Kinder nicht mit Isaak? Welche Gefühle entwickeln sie dabei? Kann man sich auf den eigenen Vater nicht mehr verlassen? Wäre auch mein Vater bereit, mich umzubringen? Bin ich ein böses Kind? Welche Träume kann eine solche Geschichte bei Kindern mit einer angespannten Beziehung zu den Eltern bewirken? Wie deutet wohl ein „böses" Kind diese Geschichte? Untergräbt eine solche Geschichte nicht das natürliche und entwicklungspsychologisch notwendige Vertrauen zwischen Kindern und ihren Vätern?

Im allerletzten Moment - das Holz ist aufgeschichtet, sein Sohn gefesselt und Abraham will schon nach seinem Messer greifen, um lsaak zu töten - interveniert ein Engel Gottes: *„Ich weiß jetzt, wie sehr du Gott gehorchst. Du bist sogar bereit, ihm deinen einzigen Sohn zu geben."* (RK, S. 44)

Die Version dieser Erzählung bei Day ist noch empörender: *„Als sie einen schönen (!) Platz gefunden hatten, baute Abraham seinen Altar aus Steinen und stapelte das Holz darauf. Dann band er seinen Sohn auf dem Altar fest. Er wollte lsaak nicht töten, der doch sein einziger Sohn war und den er so liebhatte. Aber er wusste, dass er Gott gehorchen musste. Gott hatte ihm lsaak geschenkt, also konnte er ihn jetzt auch wieder zurückfordern."* (GAB, S. 20) Der blinde Gehorsam wird hier als unausweichlich, logisch und richtig gerechtfertigt. Wieso muss Abraham gehorchen? Die Schlussbegründung, dass Gott seinen Sohn zurückfordern dürfe, da er ihn Abraham vorher geschenkt hatte, ist ungeheuerlich. Fordert man Geschenke auf solche Weise zurück? Ist lsaak überhaupt ein „Geschenk Gottes"? Day legitimiert diesen schändlichen Gehorsam auf unerträgliche Weise. Eine Geschichte, wo *„Gott Großes mit ihnen"* (den Menschen) vorhat? (GAB, S. 6) Wird mit solchen Geschichten die *„Förderung der Persönlichkeitsentwicklung des Kindes"* (Artikel 29 der Kinderrechtskonvention) erreicht?

Kinder lernen vermutlich durch eine solch grausame Geschichte Abraham zu bewundern, weil er seinem Gott bedingungslos gehorcht. Ist das ein zeitgemäßes und erwünschtes Modell für heutige Kinder und Jugendliche? Als weitere Botschaft lässt sich der Erzählung entnehmen, dass die Gottheit am ehesten zu gewinnen wäre, wenn man ihr das Kostbarste und Liebste ausliefere, was eine Familie besitzen kann. Rohrbach meint: *„Welch eine Gefühllosigkeit und Denkfaulheit, Kindern eine so tiefgründige und vielschichtige Erzählung zu verordnen ... Es ist eine Schande, dass Kinderbibeln auch heute noch diese Kinder-*

opfergeschichte enthalten.'" Dem bleibt nichts hinzuzufügen.

Drohungen und Gehorchen

Beten die lsraeliten einen goldenen Stier als Gott an, weil Moses nicht mehr auftaucht, droht Gott mit der Vernichtung des Volkes (das er vorher vor den Äpyptern durch das geteilte Meer hindurch gerettet hatte! Diese sind dabei alle elendiglich ertrunken) - nur Moses kann ihn schließlich mit knapper Not umstimmen (RK, S. 68-70). Die Leute von Ninive, die nicht nach den Vorstellungen des biblischen Gottes leben, können ihrer Vernichtung nur durch einen Gesinnungswandel entrinnen (RK, S. 82-85). Solche pädagogischen Drohgeschichten sind psychologisch schädlich. Zusätzlich werden Kinder daran gewöhnt, in solchen Kategorien zu denken.

In der eindrücklichen und farblich meisterhaft illustrierten Geschichte, wo Jesus in der Wüste vom Teufel immer wieder auf die Probe gestellt wird, geht es letztlich wiederum nur um den absoluten Gehorsam gegenüber dem einen Gott: *„Du sollst nur Gott anbeten. Ihm allein sollst du dienen und sonst keinem."* (RK, S. 108-109) Angesichts unserer multikulturellen Gesellschaft mit mehreren Gottesvorstellungen und Weltanschauungen sind Kinder mit solchen Geschichten schlecht beraten. Es geht gerade im Gegenteil darum, Kindern eine Weitherzigkeit und ein Verständnis in Bezug auf persönliche Glaubensüberzeugungen und Lebensentwürfen nahezubringen. Die biblische Behauptung födert hingegen Intoleranz und Engstirnigkeit. Artikel 14 der Kinderrechtskonvention betont *„das Recht des Kindes auf Glaubens-, Gewissens- und Religionsfreiheit".* Der biblische Gott missachtet dies.

Jesus reißt sogar auch Familienbande auseinander: Die beiden Brüder Jakobus und Johannes flicken gerade die Netze ihres Vaters als Jesus vorbeikommt: *„Lasst alles liegen ... folgt mir nach!"* lautet der apodiktische und unhinterfragbare Befehl. Die beiden gehorchen sofort und gehen mit Jesus. Ähnlich geht es mit zwei anderen Fischern, Petrus und Andreas. Zu ihnen sagt Jesus ebenso knapp: *„Lasst eure Netze ligen. Kommt mit mir. Ihr werdet keine Fische mehr fangen, sondern Menschen gewinnen für Gott."* (RK, S. 110) Fragen, Diskussion, Einwände, ein Verabschieden von Angehörigen u.a. gibt es nicht mehr. Diese Männer werden die Jünger Jesu! Wie reagieren heute Eltern, wenn ein selbsternannter Guru oder Führer ihnen ihre Söhne oder Töchter so entreißt? Sie versuchen heute teilweise sogar mit Entführung und Deprogrammierung ihre Kinder wiederzugewinnen.

Fünftausend Menschen werden satt

Mich hat schon als kleines Kind die Frage beschäftigt, warum der gütige, allwissende und mächtige Gott, der Lahme heilen, einen Sturm bändigen oder ein Meer zu teilen vermag, nicht die vielen hungrigen Menschen auf der Welt sättigen kann (oder will): Schließlich hat er doch sein Können bei der Speisung der 5000 bewiesen (RK, S. 124). Als Jugendlicher habe ich dann für diese göttliche Ungerechtigkeit eine Antwort gefunden: Gott existiert nicht.

Kindesmisshandlung

Gewalt an Kindern, Prügel und Körperstrafen waren in der christlich-abendländischen Geschichte und Erziehung über Jahrhunderte „normaler" Alltag. Die Bibel lieferte dazu die theoretische Basis und legitimierte an mehreren Stellen ihrer Schrift Schläge. „Wer sein Kind liebt, züchtigt es" ist Generationen eingebläut worden; heute heißt es in der Einheitsübersetzung der Bibel leicht modifiziert: *„Wer die Rute spart, hasst seinen Sohn, wer ihn liebt, nimmt ihn früh in Zucht".* (Sprichwörter 13, 24) Moderne Eltern, die ihre Kinder nicht schlagen, hassen also ihr Kind? Etwas später wird diese Prügelpädagogik bekräftigt: *„Rute und Rüge verliehen Weisheit."* (Sprichwörter 29, 15). Fast überflüssig zu erwähnen, dass diese Zitate sowohl wichtige entwicklungspsychologische als auch pädagogische Erkenntnisse negieren und den erwähnten Artikel 37 (Verbot grausamer Strafen oder erniedrigender Behandlungen) der Kinderrechtskonvention widersprechen.

Wunder- und Aberglaube

Kritische Geister unserer Gesellschaft beklagen zu Recht einen wieder zunehmenden Wunder- und Aberglauben, unsinnigste und einfältigste esoterische Bauernfängerei und irrationale Denk- und Handlungsmuster. Sogar kirchliche Sektenbeauftragte sind in kirchlichen oder kirchennahen Beratungsstellen zur Abwehr solcher Erscheinungen tätig, und die großen Landeskirchen empören sich über gefährliche fundamentalistische Religions- und Psychokulte. Irrationalität und Aberglaube findet sich aber (und das nicht zu knapp) auch in der Bibel - und in Kinderbibeln. So bekommt Maria etwa ohne das geschlechtliche Zutun eines Mannes ein Kind und sogar Sara ist trotz ihres hohen Alters durch Gottes Hilfe schwanger geworden - denn: *„Gott ist nichts unmöglich."* (RK, S. 92) Leib- und Sexualfeindlichkeit statt Aufklärung über die natürlichste Sache der Welt?

Wunderglaube und Irrationalismus finden sich auch in der Einleitung zur Geschichte der ägyptischen Plagen: Als antike Supermans verwandeln Mose und sein Bruder Aaron einen Stab zur Schlange. Schlägt Aaron mit seinem Stab am Nil auf das Wasser, so verwandelt es sich in Blut (vgl. GAB, S. 36). Natürlich sind Kinder von solchen magischen Geschichten fasziniert.

Die Bösen (und eine Ungehorsame) werden vernichtet: Sodom und Gomorra

Die Engel sagen in dieser Erzählung zu Lot, einem Neffen Abrahams: *„Gott wird diese Stadt vernichten, weil sie böse ist."* Die Engel raten Lot und seiner Familie, sich rechtzeitig in Sicherheit zu bringen und sich keinesfalls umzudrehen. So fliehen sie, in den Städten Sodom und Gomorra brechen *„gewaltige Feuer aus und verbrennen alles Leben"* - durch Gottes Hand.

Aus sicherer Entfernung hören sie Explosionen und riechen Rauch. Lots Frau vergisst die Warnung und dreht sich um: Sofort verwandelt sie sich zur Salzsäule. Auch hier: Mit welcher ethischen Berechtigung vernichtet Gott ganze Städte, löscht alles Leben wahllos aus? Die Geschichte erwähnt nur, dass in Sodom *„böse Menschen"* wohnen. Was heißt denn das genau? Was erklären hier christliche Eltern ihren Kindern auf solche Fragen? Und: Wohnen nicht in allen Städten unter anderem auch solche Menschen? Rechfertigen einige „Böse" gleich die Vernichtung (!) aller? Warum wird Lots Frau ob einer natürlichen menschlichen Regung (Vergesslichkeit, Neugier, Interesse?) gleich mit dem Tod bestraft? Diese Pädagogik ist hart, ungerecht, unerbittlich, gnadenlos. (Alle Zitate GAB, S. 16-17)

Zum Schluss

Bietet die Ravensburger Kinderbibel tatsächlich eine *„gute Hinführung zur christlichen Botschaft"* wie es Meier[5] formuliert? Die Einführung gelingt, aber die biblische Botschaft bleibt für Kinder und Jugendliche problematisch und zweifelhaft.

In der Einführung von Day ist von *„großen Helden"* die Rede. Erwähnt werden u.a. Noah und Abraham. Nach meinen bisherigen Darlegungen sind das wohl mehr als zweifelhafte Helden. Ebenso unkritisch werden Geschichten wie etwa die Sintflut zu den *„spannendsten Ereignissen der Geschichte Israels"* gezählt. Ist ein ungerechter Holocaust „nur" spannend? Day verspricht eine *„bunte und abwechslungsreiche Geschichte Gottes mit seinem auserwählten Volk"* und er will zeigen, wie die Menschen *„Großes in Friedenszeiten leisteten"*. Für ihn ist *„das Alte Testament keine langweilige Sache. Es ist spannend wie das Leben der Menschen - besonders wenn Gott Großes mit ihnen vorhat"* (Alle Zitate GAB, S. 6). Das Buch ist tatsächlich mit farbigen Bildern, Skizzen und Zeichnungen lebendig und anschaulich gestaltet, aber: Wer hat hier „Großes" in Friedenszeiten geleistet? Etwa Abraham mit seinem blinden Gehorsam und dem fast vollzogenen Mord an seinem einzigen geliebten Sohn? Und ist etwa das elende Ertrinken aller Menschen außer Noah und seiner Familie (und der meisten Tiere!) das „Große", das Gott mit ihnen vorhat? Werden hier nicht ethische Vorstellungen ad absurdum geführt? Zeigt sich wahre Grösse nicht in ganz anderen Vorhaben und Taten?

Selbstverständlich lassen sich massive Einwände auch gegen andere Kindergeschichten und Kinderbücher sowie Kinderfilme vorbringen. Der für mich zentrale Hauptunterschied besteht aber darin, dass bei den Kinderbibeln Gott in seinem Denken und Handeln für Christen eine unhinterfragbare Gestalt bleibt (bleiben muss). Können wir uns über zweifelhafte Idol-Figuren in anderen Geschichten und in den Medien leicht empören, wird dies für christlich orientierte Menschen sowohl bei der Bibel als auch bei Kinderbibeln schwieriger. Natürlich werden von Eltern und ReligionslehrerInnen viele Geschichten der Bibel (zum Glück) abgeändert, ausgewählt, kommentiert und erläutert - aber wer stellt die zentralen Denk- und Handlungsmuster in diesen Geschichten sowie die Gestalt Gottes wirklich in Frage?

Bücherhinweise

Ulises Wensell: Die große Ravensburger Kinderbibel. Erzählt von Thomas Erne. Ravensburg 1995

Malcolm Day: Große Abenteuer der Bibel. Eine Reise durch die Welt des Alten Testaments. Herder Freiburg 1995

Marcelino Truong u.a.: Die Bibel. Eine Einführung für Kinder. Kreuz Stuttgart 1995

Anmerkungen

1 S. Freud: Die Zukunft einer Illusion. In: Freud-Studienausgabe Band 9, Ex Libris Zürich 1977, S. 180/181

2 Rohrbach, Heiko: Befreiung von biblischen Alpträumen. Wider Sintflut und Höllenangst. Kreuz Stuttgart 1994, S. 81

3 Fussenegger, Gertrud/Fuchshuber, Annegret: Die Arche Noah. Betz Wien 1995

4 Rohrbach, Heiko: Befreiung von biblischen Alpträumen. Wider Sintflut und Höllenangst. Kreuz Stuttgart 1994, S. 24

5 Michael Meier: Abschied vom bärtigen Gott. Einblick in moderne Kinderbibeln. Tages-Anzeiger Zürich 14.12.1995, S. 69

6. Mögliche Folgen: Tilmann Mosers autobiographischer Bericht

Wie schon in früheren Kapiteln angesprochen kann die christliche Religion krank machen. Der deutsche Psychotherapeut Tilmann Moser hat in einem einmaligen und eindrücklichen autobiographischen Bericht mit dem Titel *Gottesvergiftung* (1976) in Form einer schonungslosen und vorbehaltlos offenen Analyse die Folgen seiner erlittenen religiösen Erziehung und Unterweisung dargestellt. Mosers außerordentlich genaue und vielschichtige Ausleuchtung der Problematik gibt die meisten der von mir angesprochenen Themen der Kapitel 3. und 4. wieder - und noch einige mehr: Rückzug aus menschlichen Beziehungen, massive Selbstvorwürfe und Selbstzweifel, Ängste und Unsicherheiten, Hoffnungslosigkeit und Größenwahn, Verdammung und Selbstzerfleischung, Misstrauen anderen Menschen gegenüber usw. Ich möchte deshalb einige besonders zentrale Auszüge aus Mosers Bericht nachfolgend wiedergeben.

„Du warst einst so fürchterlich real, neben Vater und Mutter die wichtigste Figur in meinem Kinderleben ... (S. 9)

Du haustest in mir wie ein Gift, von dem sich der Körper nie befreien konnte. Du wohntest in mir als mein Selbsthass ... Ich habe dir so schreckliche Opfer gebracht an Fröhlichkeit, Freude an mir und anderen, und der Lohn war, neben der Steigerung des Erwähltheitsgefühls, oder dem Kampf darum, ein Quentchen Geliebtsein vielleicht, vielleicht ein Quentchen weniger Verdammnis ... (S. 10)

Ich habe unter niemandem so gelitten in meinem Leben wie unter deiner mir aufgezwungenen Existenz ... (S. 11)

Die ganze Last der Sorge um dein Befinden lag beständig auf mir ... (S. 14)

Und weil deine irrsinnige Daseinsbedingung, als einer, den man fürchten und lieben soll, gleichzeitig Hass erzeugt hat, musste man wiederum umso mehr Angst haben, um so demütiger, um so dankbarer für den Aufschub sein, noch nicht verworfen zu werden ... Fast zwanzig Jahre lang war es mein Ziel, dir zu gefallen ... (S. 16)

Es war eine fundamentale Unsicherheit in mir ... Du hast mir so gründlich die Gewissheit geraubt, mich jemals in Ordnung fühlen zu dürfen, mich mit mir ausssöhnen, mich o.k. finden zu können ... (S. 17)

Dir ist es doch tatsächlich gelungen, dass ich mich wegen meiner kleinen Durchschnittssünden jahrelang aussätzig fühlte ... (S. 18)

Dein Hauptkennzeichen für mich ist Erbarmungslosigkeit. Du hattest so viel an mir verboten, dass ich nicht mehr zu lieben war ... Es war mir als Kind so selbstverständlich, dass die Welt, die jetzige und die spätere, aus Geretteten und aus Verdammten bestand; das Fürchterliche war nur, dass ich, wie es auf manchen Bildern zu sehen ist, immer über dem Abgrund der Verdammnis hing und niemals wusste, wie lange der schmale Steg noch halten würde, der mich trug ... (S. 19)

Für mich warst du die personifizierte Lebensfeindlichkeit ... (S. 22)

Du gedeihst in den Hohlräumen sozialer Ohnmacht und Unwissenheit. Du blühst aus der Lebensangst meiner Vorfahren, aus allem Unverstandenen, das sie heimgesucht hat, vor allem aber: aus ihrer Ungeborgenheit, aus ihren seelischen Entbehrungen ... Weißt du, dass du für viele meiner Familie der einzige Gesprächspartner warst? Dass deine erdrückende Wirklichkeit ihrer Isolierung, ihren Kontaktstörungen, ihrer Sprachlosigkeit anderen Menschen gegenüber entstammt? ... (S. 23)

Das Hinterhältige an der Beziehung zu dir war, dass die Unmöglichkeit, dich zu erreichen, im Gebet ein Gefühl von Antwort mindestens von Gehörtwerden wahrzunehmen, zu meinen *Lasten ging ... Die wirklich niederdrückende theologische Dimension aber war die des Verworfenseins: Ich war nicht angenommen ... (S. 27)*

Wenn Gott so lange schweigt und dir ein so quälendes Suchen zumutet, hat er vielleicht große Dinge mit dir vor. Du hast früh schon mit meinem Größenwahn gespielt ... (S. 28)

Du hast aus mir eine Gottesratte gemacht, ein angstgejagtes Tier in einem Experiment ohne Ausweg ...(S. 29)

Ich musste so viel investieren in dich, dich erhöhen, damit die Umstände deiner Verehrung erträglich wurden. Ohne unser gemeinsames und mein ganz besonderes Gefühl der Erwähltheit wäre es nicht auszuhalten gewesen ... Weißt du, wie listig du mit den narzisstischen Bedürfnissen deiner Anhänger umgehst ... (S. 33/34)

Mit keinem Menschen habe ich zwischen meinem sechsten und achtzehnten Lebenlahr so viel geredet wie mit dir ... (S. 34)

Ich habe versucht, dich durch Menschen zu ersetzen, aber was waren sie schon neben deinem Bild? Alle waren sie von vornherein entwertet, weil ich deine abenteuerlich aufgeblähte Gestalt in mir trug ... Dein unbewusst in mir gebliebenes Bild hat alle verkleinert, verächtlich gemacht. Weil du ein ewiger Nörgler an mir warst, wurde ich zum Nörgler an den anderen ... Du hast dich sattgesehen an meiner Bewunderung und Verehrung. Doch was hast du dafür gegeben? Kein noch so freundliches Lächeln einer Frau oder eines Freundes ist an deine Macht über mich herangekommen. Ich glaubte den leuchtenden Augen nicht ... Ich habe das Leuchten in ihren Augen zum Erlöschen gebracht, weil es aus deinen Augen nie geleuchtet hat. Ich hielt die Zuneigung von wirklichen Menschen für Blendwerk, weil ich deine Zustimmung nicht finden konnte ... so dass ich keinem Menschen glauben konnte, wenn er sagte, er liebe mich ... (S. 35/36)

Immer wieder wurdest du mir als die Hauptquelle des Trostes genannt ... (S. 39)

Sie nennen dich, oder du nennst dich selbst, das Fundament des Lebens ... Du hast mich dadurch von dem Versuch abgehalten, das Heil bei Menschen zu finden, die mir vielleicht hätten helfen können ... (S. 40)

Dir verdanke ich die Erfahrung der schrecklichsten Dimension: sich verworfen fühlen ... Ich denke dann: Keiner kann mich je lieben, und mein Leben ist im tiefsten Grunde vergeblich ... (S. 43/44)

Für viele meiner Generation bist du jedenfalls immer noch die Quelle gebrochener Unterwürfigkeit und quälender Selbstzweifel ... (S. 46/47)

Von dir geht eine Lähmung aller Initiative aus, ein Gefühl von Vergeblichkeit allen irdischen Tuns ... (S. 56)

Den riesigen Vater vor dir in Demut zu sehen ist eindrucksvoll ... (S. 62)

Zur Erwählung gehörte, dass man bei dir, jenseits aller Selbstzweifel und Identitätskämpfe, einen sicheren Platz, sichere Identität haben sollte, dass man vor aller Zeit beim Namen gerufen war, und das schmeichelte tief dem kindlichen Narzissmus ... (S. 74)

Meine Grundgefühle dir gegenüber scheinen mir Wut und Trauer: Wut über die jahrzehntelange Täuschung, die Qualen, die Zweifel, die vergeblichen Hoffnungen ... (S. 79)

Je mehr du von Menschen verehrt oder gefürchtet wirst, desto weniger war ihr frühes Beziehungsleben in Ordnung. Du bestehst aus Verweisung, Entschädigung, Ersatz, bist ein Destillat aller frühen, unerfüllten Ahnungen und Ängste ... (S. 82)

Weißt du, dass meine Mutter, als einmal von der Offenheit in der Beichte oder in der Psychotherapie die Rede war, meinte, die meisten Dinge, die sie beschäftigten, könnte sie doch nie einem Menschen, sondern nur dir anvertrauen? (S. 88)

Du musst dir jetzt eine andere Wohnung suchen, weil ich ohne den ungebetenen Gast weiterleben möchte und meinen inneren

Raum vielleicht für Menschen brauche, denen ich, neben dir und mir, zu wenig Platz gelassen habe ... (S. 98)"

Die letzte Äußerung (S. 98) zeigt schließlich Mosers vollzogene Befreiung von seinem quälenden Gott. Glücklicherweise erfahren heute die meisten Kinder in unseren Breitengraden eine humanere religiöse Sozialisation.

6. Schlusswort...
und die Zehn Gebote
eines Liberalen von Russell

„Das ethische Verhalten des Menschen ist wirksam auf Mitgefühl, Erziehung und soziale Bindung zu gründen und bedarf keiner religiösen Grundlage. Es stünde traurig um die Menschen, wem sie durch Furcht vor Strafe und Hoffnung auf Belohnung nach dem Tode gebändigt werden müssen."[1]

Albert Einstein (1879-1955)

Diese bedenkenswerte weltanschauliche Haltung Einsteins steht für die nichtreligiöse Begründung einer humanen Moral. Mein Buch hat aus verschiedenen Perspektiven fragwürdige Denkmuster des biblisch-christlichen Denkens zu belegen versucht. Ich behaupte, dass diese Form der Religion beim Menschen großen psychischen und moralischen Schaden anrichten kann.

Der Theologe Hans Küng fordert in seinem Vorwort zu *Religion als Chance oder Risiko*[2] eine gesunde, geklärte und verantwortete Religiosität und Religion. Erziehung soll, so Küng, Urvertrauen und Geborgenheit schaffen, ohne Regression die Annahme seiner selbst fördern, Identität und Würde bewahren und anderes mehr. Dagegen lässt sich aus psychologischer und säkularer-humanistischer Sicht nichts einwenden. Nur: Gelingt eine solche religiöse Orientierung innerhalb des biblisch-christlich-kirchlichen Kontextes? Ich hege Zweifel, denn als Kernorientierungen bleiben u.a.:

- Ein düsteres Menschen- und Weltbild, verbunden mit angeordneter Selbstentwertung
- Ein primitiver kosmischer und anthropologischer Dualismus

und Rigorismus
- Die Vorstellung des Lebens als dauernder Kampf gegen Mächte der Finsternis (Triebregungen aus dem Innern, weltliche Versuchungen …)
- Konsequente Hingabe und absoluter Gehorsam gegenüber der göttlichen Autorität mit Entweder-oder-Charakter
- Die Förderung von Schuldgefühlen und eines rigiden Über-Ichs
- Selbstverleugnung

Der große englische Philosoph, Nobelpreisträger und Humanist Bertrand Russell (1872-1970), der sich während seines langen Lebens für Menschlichkeit und sozialen Fortschritt einsetzte, hat in der New York Times vom 16.12.1951 unter dem Titel *Die zehn Gebote eines Liberalen* versucht, eine kurze Antwort an FanatikerInnen zu formulieren. Mir scheinen diese zehn Denkanstöße zentral für die behandelte Thematik und aktueller denn je sowie ein treffender Schluss für mein Buch zu sein. Sie lauten wie folgt:

„1. Fühle dich keiner Sache völlig gewiss.
2. Trachte nicht danach, Fakten zu verheimlichen, denn eines Tages kommen die Fakten bestimmt ans Licht.
3. Versuche niemals, jemanden am selbständigen Denken zu hindern, denn das würde dir gewiss gelingen.
4. Wenn dir jemand widerspricht, und sei es dein Ehegatte oder dein Kind, bemühe dich, ihm mit Argumenten zu begegnen und nicht mit Autorität, denn ein Sieg, der von Autorität abhängt, ist unrealistisch und illusionär.
5. Habe keinen Respekt vor der Autorität anderer, denn es gibt in jedem Fall auch Autoritäten, die gegenteiliger Ansicht sind.
6. Unterdrücke nie mit Gewalt Überzeugungen, die du für verderblich hältst, sonst unterdrücken diese Überzeugungen dich.
7. Fürchte dich nicht davor, exzentrische Meinungen zu vertre-

ten; jede heutige gängige Meinung war einmal exzentrisch.

8. Freue dich mehr über intelligenten Widerspruch als über passive Zustimmung, denn wenn dir Intelligenz soviel wert ist, wie sie dir wert sein sollte, dann liegt im erstgenannten eine tiefere Zustimmung als im letztgenannten.

9. Befleißige dich peinlich der Wahrheit, selbst dann, wenn sie nicht ins Konzept passt; denn es passt noch viel weniger ins Konzept, wenn du versuchst, sie zu verbergen.

10. Beneide nicht das Glück derer, die in einem Narrenparadies leben, denn nur ein Narr kann das für Glück halten. "[3]

Wenn meine Thesen und Darlegungen einige Denkanstöße ausgelöst und zum Nachdenken angeregt haben, ist ein Zweck meiner Arbeit erfüllt.

Anmerkungen zu Kapitel 6

1 Albert Einstein zitiert nach: G. Minois, Die Hölle. Diederichs München 1994, S. 406

2 Küng in: Gunther Klosinski: Religion als Chance oder Risiko. Huber Bern 1994, S. 11

3 Bertrand Russell: Bertrand Russell sagt seine Meinung. Verlag Darmstädter Blätter Darmstadt 1976, S. 18-19

7. Anhang

Dieser Anhang enthält die folgenden Texte:

a)   Die Allgemeine Erklärung der Menschenrechte der UNO (1948)

b)   Die Wiener Erklärung und das Aktionsprogramm der Weltkonferenz über Menschenrechte (1993)

c)   Die Konvention über die Rechte der Kinder (1990)

d)   Eine Übersicht über die Moralentwicklung nach Piaget und Kohlberg

7 a) Die Allgemeine Erklärung der Menschenrechte der UNO (1948)

Präambel

Da die Anerkennung der allen Mitgliedern der menschlichen Familie innewohnenden Würde und ihrer gleichen und unveräußerlichen Rechte die Grundlage der Freiheit, der Gerechtigkeit und des Friedens in der Welt bildet;

da Verkennung und Missachtung der Menschenrechte zu Akten der Barbarei führten, die das Gewissen der Menschheit tief verletzt haben, und da die Schaffung einer Welt, in der den Menschen, frei von Furcht und Not, Rede und Glaubensfreiheit zuteil wird, als das höchste Bestreben der Menschheit verkündet worden ist;

da es wesentlich ist, die Menschenrechte durch die Herrschaft des Rechtes zu schützen, damit der Mensch nicht zum Aufstand gegen Tyrannei und Unterdrückung als letztem Mittel gezwungen ist;

da es wesentlich ist, die Entwicklung freundschaftlicher Beziehungen zwischen den Nationen zu fördern;

da die Völker der Vereinten Nationen in der Satzung ihren Glauben an die grundlegenden Menschenrechte, an die Würde und den Wert der menschlichen Person und an die Gleichberechtigung von Mann und Frau erneut bekräftigt und beschlossen haben, den sozialen Fortschritt und bessere Lebensbedingungen bei größerer Freiheit zu fördern;

da die Mitgliedstaaten sich verpflichtet haben, in Zusammenarbeit mit den Vereinten Nationen die allgemeine Achtung und Verwirklichung der Menschenrechte und Grundfreiheiten durchzusetzen;

da eine gemeinsame Auffassung über diese Rechte und Freiheiten von grösster Wichtigkeit für die volle Erfüllung dieser Verpflichtung ist;

verkündet die Generalversammlung die vorliegende Allgemeine

Erklärung der Menschenrechte als das von allen Völkern und Nationen zu erreichende gemeinsame Ideal, damit jeder einzelne und alle Organe der Gesellschaft sich diese Erklärung stets gegenwärtig halten und sich bemühen, durch Unterricht und Erziehung die Achtung dieser Rechte und Freiheiten zu fördern und durch fortschreitende Massnahmen im nationalen und internationalen Bereich ihre allgemeine und tatsächliche Anerkennung und Verwirklichung bei der Bevölkerung sowohl der Mitgliedstaaten wie der ihrer Oberhoheit unterstehenden Gebiete zu gewährleisten.

Artikel 1
Alle Menschen sind frei und gleich an Würde und Rechten geboren. Sie sind mit Vernunft und Gewissen begabt und sollen einander im Geiste der Brüderlichkeit begegnen.

Artikel 2
Jeder Mensch hat Anspruch auf die in dieser Erklärung verkündeten Rechte und Freiheiten ohne irgendeine Unterscheidung, wie etwa nach Rasse, Farbe, Geschlecht, Sprache, Religion, politischer oder sonstiger Überzeugung, nationaler oder sozialer Herkunft, nach Eigentum, Geburt oder sonstigen Umständen. Weiters darf keine Unterscheidung gemacht werden auf Grund der politischen, rechtlichen oder internationalen Stellung des Landes oder Gebietes, dem eine Person angehört, ohne Rücksicht darauf, ob es unabhängig ist, unter Treuhandschaft steht, keine Selbstregierung besitzt oder irgendeiner anderen Beschränkung seiner Souveränität unterworfen ist.

Artikel 3
Jeder Mensch hat das Recht auf Leben, Freiheit und Sicherheit der Person.

Artikel 4

Niemand darf in Sklaverei oder Leibeigenschaft gehalten werden; Sklaverei und Sklavenhandel sind in allen ihren Formen verboten.

Artikel 5

Niemand darf der Folter oder grausamer, unmenschlicher oder erniedrigender Behandlung oder Strafe unterworfen werden.

Artikel 6

Jeder Mensch hat überall Anspruch auf Anerkennung als Rechtsperson.

Artikel 7

Alle Menschen sind vor dem Gesetze gleich und haben ohne Unterschied Anspruch auf gleichen Schutz durch das Gesetz. Alle haben Anspruch auf gleichen Schutz gegen jede unterschiedliche Behandlung, welche die vorliegende Erklärung verletzen würde, und gegen jede Aufreizung zu einer derartigen unterschiedlichen Behandlung.

Artikel 8

Jeder Manch hat Anspruch auf wirksamen Rechtsschutz vor den zuständigen innerstaatlichen Gerichten gegen alle Handlungen, die seine ihm nach der Verfassung oder nach dem Gesetz zustehenden Grundrechte verletzen.

Artikel 9

Niemand darf willkürlich festgenommen, in Haft gehalten oder des Landes verwiesen werden.

Artikel 10

Jeder Mensch hat in voller Gleichberechtigung Anspruch auf ein der Billigkeit entsprechendes und öffentliches Verfahren vor einem unabhängigen und unparteiischen Gericht, das über seine Rechte und Verpflichtungen oder über irgendeine gegen ihn erhobene strafrechtliche Beschuldigung zu entscheiden hat.

Artikel 11

Ziff. 1 Jeder Mensch, der einer strafbaren Handlung beschuldigt wird, ist so lange als unschuldig anzusehen, bis seine Schuld in einem öffentlichen Verfahren, in dem alle für seine Verteidigung notwendigen Voraussetzungen gewährleistet waren, gemäss dem Gesetz nachgewiesen ist.

Ziff. 2 Niemand kann wegen einer Handlung oder Unterlassung verurteilt werden, die im Zeitpunkt, da sie erfolgte, auf Grund des nationalen oder internationalen Rechts nicht strafbar war. Auch kann keine schwerere Strafe verhängt werden als die, die im Zeitpunkt der Begehung der strafbaren Handlung anwendbar war.

Artikel 12

Niemand darf willkürlichen Eingriffen in sein Privatleben, seine Familie, sein Heim oder seinen Briefwechsel noch Angriffen auf seine Ehre und seinen Ruf ausgesetzt werden. Jeder Mensch hat Anspruch auf rechtlichen Schutz gegen derartige Eingriffe oder Anschläge.

Anikel 13

Ziff. 1 Jeder Mensch hat das Recht auf Freizügigkeit und freie Wahl seines Wohnsitzes innerhalb eines Staates.

Ziff. 2 Jeder Mensch hat das Recht, jedes Land, einschliesslich seines eigenen, zu verlassen sowie in sein Land zurückzukehren.

Artikel 14

Ziff. 1 Jeder Mensch hat das Recht, in anderen Ländern vor Verfolgung Asyl zu suchen und zu geniessen.

Ziff. 2 Dieses Recht kann jedoch im Falle einer Verfolgung wegen nichtpolitischer Verbrechen oder wegen Handlungen, die gegen die Ziele und Grundsätze der Vereinten Nationen verstossen, nicht in Anspruch genommen werden.

Artikel 15

Ziff. 1 Jeder Mensch hat Anspruch auf eine Staatsangehörigkeit.

Ziff. 2 Niemandem darf seine Staatsangehörigkeit willkürlich entzogen noch ihm das Recht versagt werden, seine Staatsangehörigkeit zu wechseln.

Artikel 16

Ziff. 1 Heiratsfähige Männer und Frauen haben ohne Einschränkung durch Rasse, Staatsbürgerschaft oder Religion das Recht, eine Ehe zu schliessen und eine Familie zu gründen. Sie haben bei der Eheschliessung, während der Ehe und bei deren Auflösung gleiche Rechte.

Ziff. 2 Die Ehe darf nur auf Grund der freien und vollen Willenseinigung der zukünftigen Ehegatten geschlossen werden.

Ziff. 3 Die Familie ist die natürliche und grundlegende Einheit der Gesellschaft und hat Anspruch auf Schutz durch Gesellschaft und Staat.

Artikel 17

Ziff. 1 Jeder Mensch hat allein oder in Gemeinschaft mit anderen Recht auf Eigentum.

Ziff. 2 Niemand darf willkürlich seines Eigentums beraubt werden.

Artikel 18

Jeder Mensch hat Anspruch auf Gedanken-, Gewissens- und Religionsfreiheit; dieses Recht umfasst die Freiheit, seine Religion oder seine Überzeugung zu wechseln, sowie die Freiheit, seine Religion oder seine Überzeugung allein oder in Gemneinschaft mit anderen, in der Öffentlichkeit oder privat, durch Lehre, Ausübung, Gottesdienst und Vollziehung von Riten zu bekunden.

Artikel 19
Jeder Mensch hat das Recht auf freie Meinungsäußerung: dieses Recht umfasst die Freiheit, Meinungen unangefochten anzuhängen und Informationen und Ideen mit allen Verständigungsmitteln ohne Rücksicht auf Grenzen zu suchen, zu empfangen und zu verbreiten.

Artikel 20
Ziff. 1 Jeder Mensch hat das Recht auf Versammlungs- und Vereinigungsfreiheit zu friedlichen Zwecken.
Ziff. 2 Niemand darf gezwungen werden, einer Vereinigung anzugehören.

Artikel 21
Ziff. 1 Jeder Mensch hat das Recht, an der Leitung der öffentlichen Angelegenheiten seines Landes unmittelbar oder durch frei gewählte Vertreter teilzunehmen.
Ziff. 2 Jeder Mensch hat unter gleichen Bedingungen das Recht auf Zulassung zu öffentlichen Ämtern in seinem Lande.
Ziff. 3 Der Wille des Volkes bildet die Grundlage für die Autorität der öffentlichen Gewalt; dieser Wille muss durch periodische und unverfälschte Wahlen mit allgemeinem und gleichem Wahlrecht bei geheimer Stimmabgabe oder in einem gleichwertigen freien Wahlverfahren zum Ausdruck kommen.

Artikel 22
Jeder Mensch hat als Mitglied der Gesellschaft Recht auf soziale Sicherheit; er hat Anspruch darauf, durch innerstaatliche Maßnahmen und internationale Zusammenarbeit unter Berücksichtigung der Organisation und der Hilfsmittel jedes Staates in den Genuss der für seine Würde und die freie Entwicklung seiner Persönlichkeit unentbehrlichen wirtschaftlichen, sozialen und

kulturellen Rechte zu gelangen.

Artikel 23

Ziff. 1 Jeder Mensch hat das Recht auf Arbeit, auf freie Berufswahl, auf angemessene und befriedigende Arbeitsbedingungen sowie auf Schutz gegen Arbeitslosigkeit.

Ziff. 2 Alle Menschen haben ohne jede unterschiedliche Behandlung das Recht auf gleichen Lohn für gleiche Arbeit.

Ziff. 3 Jeder Mensch, der arbeitet, hat das Recht auf angemessene und befriedigende Entlohnung, die ihm und seiner Familie eine der menschlichen Würde entsprechende Existenz sichert und die, wenn nötig, durch andere soziale Schutzmaßnahmen zu ergänzen ist.

Ziff. 4 Jeder Mensch hat das Recht, zum Schutze seiner Interessen Berufsvereinigungen zu bilden und solchen beizutreten.

Artikel 24

Jeder Mensch hat Anspruch auf Erholung und Freizeit sowie auf eine vernünftige Begrenzung der Arbeitszeit und auf periodischen, bezahlten Urlaub.

Artikel 25

Ziff. 1 Jeder Mensch hat Anspruch auf eine Lebenshaltung, die seine und seiner Familie Gesundheit und Wohlbefinden, einschließlich Nahrung, Kleidung, Wohnung, ärztlicher Betreuung und der notwendigen Leistungen der sozialen Fürsorge, gewährleistet; er hat das Recht auf Sicherheiten im Falle von Arbeitslosigkeit, Krankheit, Invalidität, Verwitwung, Alter oder von anderweitigem Verlust seiner Unterhaltsmittel durch unverschuldete Umstände.

Ziff. 2 Mutter und Kind haben Anspruch auf besondere Hilfe und Unterstützung. Alle Kinder, eheliche und uneheliche, genießen den gleichen sozialen Schutz.

Artikel 26

Ziff. 1 Jeder Mensch hat das Recht auf Bildung. Der Unterricht muss wenigstens in den Elementar- und Grundschulen unentgeltlich sein. Der Elementarunterricht ist obligatorisch. Fachlicher und beruflicher Unterricht soll allgemein zugänglich sein; die höheren Studien sollen allen nach Maßgabe ihrer Fähigkeiten und Leistungen in gleicher Weise offenstehen.

Ziff. 2 Die Ausbildung soll die volle Entfaltung der menschlichen Persönlichkeit und die Stärkung der Achtung der Menschenrechte und Grundfreiheiten zum Ziele haben. Sie soll Verständnis, Duldsamkeit und Freundschaft zwischen allen Nationen und allen rassischen oder religiösen Gruppen fördern und die Tätigkeit der Vereinten Nationen zur Aufrechterhaltung des Friedens begünstigen.

Ziff. 3 In erster Linie haben die Eltern das Recht, die Art der ihren Kindern zuteil werdenden Bildung zu bestimmen.

Artikel 27

Ziff. 1 Jeder Mensch hat das Recht, am kulturellen Leben der Gemeinschaft frei teilzunehmen, sich der Künste zu erfreuen und am wissenschaftlichen Fortschritt und dessen Wohltaten teilzuhaben.

Ziff. 2 Jeder Mensch hat das Recht auf Schutz der moralischen und materiellen Interessen, die sich aus jeder wissenschaftlichen, literarischen oder künstlerischen Produktion ergeben, deren Urheber er ist.

Artikel 28

Jeder Mensch hat Anspruch auf eine soziale und internationale Ordnung, in welcher die in der vorliegenden Erklärung angeführten Rechte und Freiheiten voll verwirklicht werden können.

Artikel 29

Ziff. 1 Jeder Mensch hat Pflichten gegenüber der Gemeinschaft, in der allein die freie und volle Entwicklung seiner Persönlichkeit möglich ist.

Ziff. 2 Jeder Mensch ist in Ausübung seiner Rechte und Freiheiten nur den Beschränkungen unterworfen, die das Gesetz ausschließlich zu dem Zwecke vorsieht, um die Anerkennung und Achtung der Rechte und Freiheiten der anderen zu gewährleisten und den gerechten Anforderungen der Moral, der öffentlichen Ordnung und der allgemeinen Wohlfahrt in einer demokratischen Gesellschaft zu genügen.

Ziff. 3 Rechte und Freiheiten dürfen in keinem Fall im Widerspruch zu den Zielen und Grundsätzen der Vereinten Nationen ausgeübt werden.

Artikel 30

Keine Bestimmung der vorliegenden Erklärung darf so ausgelegt werden, dass sich daraus für einen Staat, eine Gruppe oder eine Person irgendein Recht ergibt, eine Tätigkeit auszuüben oder eine Handlung zu setzen, welche auf die Vernichtung der in dieser Erklärung angeführten Rechte und Freiheiten abzielt.

7 b) Die Wiener Erklärung und das Aktionsprogramm der Weltkonferenz über die Menschenrechte (1993) (Auszüge)

In Anerkenntnis und Bejahung der Tatsache, dass sich alle Menschenrechte aus der Würde und dem Wert herleiten, die der menschlichen Person innewohnen, und dass die menschliche Person das zentrale Rechtssubjekt der Menschenrechte und Grundfreiheiten ist und daher auch ihr Hauptnutznießer sein und an der Verwirklichung dieser Rechte und Freiheiten aktiv teilnehmen soll,

In Anbetracht der gegenwärtig auf internationaler Ebene vor sich gehenden bedeutsamen Veränderungen und des Strebens aller Völker nach einer internationalen Ordnung auf der Grundlage der in der Satzung der Vereinten Nationen verankerten Grundsätze, einschließlich der Förderung und Ermutigung der Achtung der Menschenrechte und Grundfreiheiten für alle und der Achtung des Grundsatzes der Gleichberechtigung und des Selbstbestimmungsrechts der Völker, des Friedens, der Demokratie, der Gerechtigkeit, der Gleichheit, der Rechtsstaatlichkeit, des Pluralismus, der Entwicklung, der Verbesserung der Lebensbedingungen und der Solidarität,

Zutiefst besorgt über die vielfältigen Formen der Diskriminierung und Gewalt, denen Frauen nach wie vor weltweit ausgesetzt sind,

Beschließt feierlich die Wiener Erklärung und das in ihr enthaltene Aktionsprogramm.

1. Die Weltkonferenz über die Menschenrechte bekräftigt das feierliche Bekenntnis aller Staaten zur Erfüllung ihrer Verpflichtungen zur Förderung der allseitigen Achtung, Einhaltung und Wahrung aller Menschenrechte und Grundfreiheiten für alle

Menschen in Übereinstimmung mit der Satzung der Vereinten Nationen, den anderen auf die Menschenrechte bezüglichen Instrumenten und dem Völkerrecht. Der universelle Charakter dieser Rechte und Freiheiten steht außer Frage.

2. Alle Völker haben das Recht auf Selbstbestimmung. Kraft dieses Rechts entscheiden sie frei über ihren politischen Status und betreiben frei ihre wirtschaftliche, soziale und kulturelle Entwicklung. Unter Berücksichtigung der besonderen Situation der Völker, die unter Kolonial- oder anderen Formen von Fremdherrschaft oder ausländischer Besetzung stehen, anerkennt die Weltkonferenz über die Menschenrechte das Recht der Völker, alle im Einklang mit der Satzung der Vereinten Nationen stehenden legitimen Maßnahmen zu ergreifen, um ihr unveräußerliches Recht auf Selbstbestimmung zu verwirklichen. Die Weltkonferenz über die Menschenrechte betrachtet die Verweigerung des Selbstbestimmungsrechts als eine Menschenrechtsverletzung und unterstreicht die Bedeutung der wirksamen Durchsetzung dieses Rechts.

5. Alle Menschenrechte sind allgemeingültig, unteilbar, bedingen einander und bilden einen Sinnzusammenhang. Die internationale Gemeinschaft muss die Menschenrechte weltweit in fairer und gleicher Weise, auf derselben Basis und mit demselben Nachdruck behandeln. Zwar ist die Bedeutung nationaler und regionaler Besonderheiten und unterschiedlicher historischer, kultureller und religiöser Voraussetzungen im Auge zu behalten, aber es ist die Pflicht der Staaten, ohne Rücksicht auf ihr jeweiliges politisches, wirtschaftliches und kulturelles System alle Menschenrechte und Grundfreiheiten zu fördern und zu schützen.

6. Die Bemühungen der Vereinten Nationen um allgemeine Achtung und Einhaltung der Menschenrechte und Grundfreiheiten

für alle tragen zur Stabilität und Wohlfahrt bei, die für friedliche und freundschaftliche Beziehungen unter den Nationen notwendig sind, sowie zur Verbesserung der Voraussetzungen für Frieden und Sicherheit sowie wirtschaftliche und soziale Entwicklung im Einklang mit der Satzung der Vereinten Nationen.

8. Demokratie, Entwicklung und Achtung der Menschenrechte und Grundfreiheiten bedingen und stärken einander. Die Demokratie beruht auf dem frei zum Ausdruck gebrachten Willen des Volkes, über seine politischen, wirtschaftlichen, sozialen und kulturellen Systeme selbst zu bestimmen, und auf seiner vollen Teilnahme an allen Aspekten seines Lebens. In diesem Sinne soll die Förderung und der Schutz der Menschenrechte und Grundfreiheiten auf nationaler und internationaler Ebene umfassend sein und ohne einschränkende Bedingungen verwirklicht werden. Die internationale Gemeinschaft soll die Stärkung und Förderung der Demokratie, der sozialen und wirtschaftlichen Entwicklung und der Achtung der Menschenrechte und Grundfreiheiten auf der ganzen Welt unterstützen.

9. Die Weltkonferenz über die Menschenrechte hält fest, dass Länder, die zu den am wenigsten entwickelten gehören, sich aber zum Prozeß der Demokratisierung und der wirtschaftlichen Reform bekennen, von denen sich viele in Afrika befinden, von der internationalen Gemeinschaft zu unterstützen sind, um ihnen den erfolgreichen Übergang zur Demokratie und zur wirtschaftlichen Entwicklung zu ermöglichen.

10. Die Weltkonferenz über die Menschenrechte bekennt sich zum Recht auf Entwicklung, wie es in der Erklärung über das Recht auf Entwicklung verankert wurde, als einem allgemeingültigen und unveräußerlichen Recht und als einem integralen Bestandteil der grundlegenden Menschenrechte.
Wie in der Erklärung über das Recht auf Entwicklung festgestellt

wird, ist der wesentliche Träger der Entwicklung die menschliche Person. Wenngleich die Entwicklung die Durchsetzung aller Menschenrechte erleichtert, ist es nicht zulässig, sich auf Entwicklungsrückstände zu berufen, um die Einschränkung international anerkannter Menschenrechte zu rechtfertigen. Die Staaten sollen bei der Sicherung der Entwicklung und bei der Entfernung von Entwicklungshemmnissen miteinander zusammenarbeiten. Die internationale Gemeinschaft soll eine wirksame internationale Kooperation zur Verwirklichung des Rechts auf Entwicklung und zur Beseitigung von Entwicklungshemmnissen fördern.

Ein dauerhafter Fortschritt zur Durchsetzung des Rechts auf Entwicklung erfordert zweckmäßige entwicklungspolitische Konzepte auf nationaler Ebene sowie faire Wirtschaftsbeziehungen und ein günstiges wirtschaftliches Umfeld auf internationaler Ebene.

11. Das Recht auf Entwicklung ist so zu handhaben, dass den Bedürfnissen der gegenwärtigen und der künftigen Generationen in den Bereichen Entwicklung und Umwelt gleichermaßen Rechnung getragen wird. Die Weltkonferenz über die Menschenrechte stellt fest, dass die unerlaubte Ablagerung toxischer und gefährlicher Substanzen und Abfälle potentiell eine schwere Bedrohung der allen zustehenden Menschenrechte auf Leben und Gesundheit darstellt.

12. Die Weltkonferenz fordert die internationale Gemeinschaft auf, alle Anstrengungen zu unternehmen, um zur Verringerung der Auslandsschuldenbelastung der Entwicklungsländer beizutragen, um so die eigenen Bemühungen der Regierungen dieser Länder um die volle Verwirklichung der wirtschaftlichen, sozialen und kulturellen Rechte ihrer Bürger zu unterstützen.

15. Die Achtung der Menschenrechte und Grundfreiheiten ohne

jeden Unterschied ist eine Grundregel des internationalen Rechts auf dem Gebiet der Menschenrechte. Die rasche und umfassende Beseitigung aller Formen des Rassismus und der Rassendiskriminierung, der Xenophobie und verwandter Spielarten der Intoleranz ist eine vorrangige Aufgabe für die internationale Gemeinschaft. Die Regierungen hätten wirksame Maßnahmen zur Verhinderung und Bekämpfung dieser Erscheinungen zu ergreifen. Gruppen, Institutionen, zwischenstaatliche und nichtstaatliche Organisationen wie auch der einzelne sind dringend dazu aufgerufen ihre Bemühungen um Kooperation und Koordination ihrer Schritte gegen diese Übel zu intensivieren.

17. Die Akte, Methoden und Praktiken des Terrorismus in allen seinen Formen und Manifestationen sowie seine in manchen Ländern bestehende Verflechtung mit dem Drogenhandel sind Aktivitäten, die auf die Zerstörung der Menschenrechte, der Grundfreiheiten und der Demokratie abzielen, die territoriale Integrität und die Sicherheit der Staaten bedrohen und legitime Regierungen destabilisieren. Die internationale Gemeinschaft sollte daher die erforderlichen Schritte unternehmen, um die Zusammenarbeit zur Verhinderung und Bekämpfung des Terrorismus zu verstärken.

18. Die Menschenrechte der Frauen und der minderjährigen Mädchen sind ein unveräußerlicher, integraler und unabtrennbarer Bestandteil der allgemeinen Menschenrechte. Die volle und gleichberechtigte Teilnahme der Frau am politischen, bürgerlichen, wirtschaftlichen, sozialen und kulturellen Leben auf nationaler, regionaler und internationaler Ebene und die Beseitigung jeder Form von Diskriminierung aufgrund des Geschlechts sind vorrangige Zielsetzungen der internationalen Gemeinschaft. Geschlechtsspezifische Gewalt und alle Formen sexueller Belästigung und Ausbeutung, einschließlich solcher, die auf kulturelle Vorurteile und den internationalen Menschenhandel zurückzu-

führen sind, sind mit der Würde und dem Wert der menschlichen Person unvereinbar und müssen beseitigt werden. Dies ist durch gesetzliche Maßnahmen sowie durch nationale Aktionen und internationale Zusammenarbeit auf Gebieten wie wirtschaftliche und soziale Entwicklung, Bildungswesen, Mutterschutz und Gesundheitswesen sowie durch soziale Fürsorge zu erreichen. Die Menschenrechte der Frau müssten einen integralen Bestandteil der Menschenrechtsaktivitäten der Vereinten Nationen bilden, einschließlich entsprechender Bemühungen zur Durchsetzung aller auf die Frau bezüglichen Menschenrechtsinstrumente. Die Weltkonferenz legt den Regierungen, Institutionen und zwischen- und nichtstaatlichen Organisationen dringend nahe, ihre Bemühungen um den Schutz und die Förderung der Menschenrechte der Frauen und minderjährigen Mädchen zu intensivieren.

19. ... Die Weltkonferenz über die Menschenrechte bekräftigt die Verpflichtung der Staaten, dafür zu sorgen, dass Angehörige von Minderheiten alle Menschenrechte und Grundfreiheiten voll und wirksam, ohne Diskriminierung und in voller Gleichheit vor dem Gesetz ausüben können, wie es die Erklärung der Vereinten Nationen über die Rechte der Angehörigen nationaler und ethnischer, religiöser und sprachlicher Minderheiten vorsieht. Angehörige von Minderheiten haben das Recht, im privaten Rahmen und in der Öffentlichkeit frei und ohne Eingriffe oder irgendeine Form der Diskriminierung ihre eigene Kultur zu pflegen, sich zu ihrer eigenen Religion zu bekennen und sie auszuüben und sich ihrer eigenen Sprache zu bedienen.

20. Die Weltkonferenz über die Menschenrechte anerkennt die inhärente Würde und den einzigartigen Beitrag der eingeborenen Bevölkerungen zur Entwicklung und Pluralität der Gesellschaft und bekräftigt nachdrücklich das Engagement der internationalen Gemeinschaft für ihr wirtschaftliches, soziales und kulturelles Wohlergehen und ihre Möglichkeit, die Errungenschaften ei-

ner stetigen wirtschaftlichen und gesellschaftlichen Entwicklung zu genießen. Die Staaten hätten die volle und freie Beteiligung der eingeborenen Bevölkerungen an allen Aspekten der Gesellschaft, vor allem aber an Angelegenheiten, die diese Bevölkerungen besonders betreffen, zu gewährleisten.

21. ... Nationale und internationale Mechanismen und Programme zur Verteidigung und zum Schutz des Kindes sind zu verstärken, vor allem in bezug auf minderjährige Mädchen, verlassene Kinder, Straßenkinder, wirtschaftlich und sexuell, u. a. durch Kinderpornographie, Kinderprostitution und Organhandel, ausgebeutete Kinder, Kinder, die Opfer von Krankheiten, einschließlich AIDS, sind, Flüchtlingskinder und vertriebene Kinder, inhaftierte Kinder, Kinder in bewaffneten Konflikten sowie Kinder, die Opfer von Hungersnöten, Dürre und anderen Notfällen werden. Zu fördern ist dabei die internationale Zusammenarbeit und Solidarität zur Unterstützung der Durchführung des genannten Übereinkommens, und die Rechte des Kindes wären im gesamten System der Vereinten Nationen bei Menschenrechtsmaßnahmen vorrangig zu behandeln.
Die Weltkonferenz möchte auch hervorheben, dass das Kind im Hinblick auf die volle und harmonische Entwicklung seiner Persönlichkeit in einer familiären Umwelt aufwachsen sollte, die daher umfassenderen Schutz verdient.

22. Besonderer Aufmerksamkeit bedarf die Gewährleistung der Nichtdiskriminierung Behinderter und deren Möglichkeit, alle Menschenrechte und Grundfreiheiten auf der Basis der Gleichheit zu genießen, einschließlich ihrer aktiven Einbindung in alle Aspekte der Gesellschaft.

23. Die Weltkonferenz über die Menschenrechte hält fest, dass jeder Mensch, ohne irgendwelche Unterschiede, das Recht hat, in anderen Ländern Asyl vor Verfolgungen anzustreben und zu

genießen, wie auch das Recht auf Rückkehr in das eigene Länd.

36. Die Weltkonferenz über die Menschenrechte bejaht die wichtige und konstruktive Rolle der nationalen Institutionen für die Förderung und den Schutz der Menschenrechte, insbesondere in ihrer Funktion als Berater der zuständigen Behörden sowie ihre Rolle bei der Wiedergutmachung von Menschenrechtsverletzungen, bei der Aufklärung über die Menschenrechte und bei der Menschenrechtserziehung.

37. Regionale Abmachungen sind für die Förderung und den Schutz der Menschenrechte von fundamentaler Bedeutung. Sie sollten die universellen Menschenrechtsnormen, wie sie in den internationalen Menschenrechtsinstrumenten verankert sind, und ihren Schutz zusätzlich stärken. Die Weltkonferenz über die Menschenrechte unterstützt die aktuellen Bemühungen um die Verstärkung dieser Abmachungen und um die Erhöhung ihrer Wirksamkeit, betont gleichzeitig aber die Wichtigkeit der Zusammnenarbeit mit den Menschenrechtsaktivitäten der Vereinten Nationen.
Die Weltkonferenz über die Menschenrechte weist erneut auf die Notwendigkeit hin, die Möglichkeit zur Neuschaffung regionaler und subregionaler Abmachungen zur Förderung und zum Schutz der Menschenrechte in Erwägung zu ziehen, wo solche bisher noch nicht vorhanden sind.

38. Die Weltkonferenz über die Menschenrechte anerkennt die wichtige Rolle der nicht-staatlichen Organisationen bei der Förderung aller Menschenrechte und bei den humanitären Aktivitäten auf nationaler, regionaler und internationaler Ebene. Die Weltkonferenz über die Menschenrechte schätzt ihren Beitrag zur Steigerung des öffentlichen Bewußtseins in Menschenrechtsfragen, zur Durchführung von Bildungs-, Ausbildungs- und Forschungsarbeiten auf diesem Gebiet und zur Förderung

und zum Schutz aller Menschenrechte und Grundfreiheiten. Bei aller Anerkennung der Tatsache, dass die primäre Verantwortung für die Normensetzung bei den Staaten liegt, weiß die Weltkonferenz auch den Beitrag der nichtstaatlichen Organisationen zu diesem Prozeß sehr zu schätzen. In diesem Sinne betont die Weltkonferenz über die Menschenrechte die Bedeutung eines ständigen Dialogs und einer ständigen Zusammenarbeit zwischen den Regierungen und den nichtstaatlichen Organisationen.

7 c) Die Konvention über die Rechte der Kinder (1990)

Zusammenfassung der einzelnen Artikel der Konvention

Präambel

In der Präambel werden die Grundprinzipien der Vereinten Nationen und die genauen Bestimmungen gewisser Übereinkommen und Texte bezüglich der Menschenrechte in Erinnerung gerufen; es wird noch einmal darauf hingewiesen, dass das Kind aufgrund seiner Verletzbarkeit besonderen Schutz und besonderer Fürsorge bedarf; genauer beschrieben wird schließlich die grundsätzliche Verantwortung der Familie, was die Pflege und den Schutz des Kindes betrifft, die Notwendigkeit eines rechtlichen und außerrechtlichen Schutzes vor und nach der Geburt, die Bedeutung und Achtung kultureller Werte der Gemeinschaft des Kindes und die grundlegende Bedeutung einer internationalen Zusammenarbeit zur Umsetzung dieser Rechte des Kindes.

Artikel 1: Definition des Kindes
Jeder Mensch bis zum 18. Lebensjahr ist ein Kind, außer das innerstaatliche Recht sehe eine frühere Volljährigkeit vor.

Artikel 2: Diskriminierungsverbot
Das Prinzip, dass alle Rechte ausnahmslos jedem Kind gewährt werden, und die Pflicht des Staates, das Kind gegen alle Formen der Diskriminierung zu schützen. Der Staat verpflichtet sich, keines der Rechte des Kindes zu verletzen und trifft Maßnahmen, welche die Durchsetzung dieser Bestimmungen sicherstellen.

Artikel 3: Höheres Interesse des Kindes

Bei jeder hinsichtlich des Kindes getroffenen Entscheidung steht das höhere Interesse des Kindes im Vordergrund. Der Staat hat den notwendigen Schutz und die notwendige Fürsorge für das Wohlergehen des Kindes sicherzustellen, falls seine Eltern oder andere verantwortliche Personen diesen Pflichten nicht nachkommen.

Artikel 4: Durchsetzung der Rechte

Die Pflicht des Staates, die Durchsetzung der vom Übereinkommen anerkannten Rechte sicherzustellen.

Artikel 5: Führung des Kindes und Entwicklung seiner Fähigkeiten

Die Pflicht des Staates zur Achtung der Rechte und Verantwortung der Eltern und der Mitglieder des weiteren Familienkreises, das Kind gemäß der Entwicklung seiner Fähigkeiten zu leiten und zu führen.

Artikel 6: Überleben und Entwicklung des Kindes

Das angeborene Recht auf Leben und die Pflicht des Staates, das Überleben und die Entwicklung des Kindes sicherzustellen.

Artikel 7: Name und Staatsangehörigkeit

Das Recht auf einen Namen und eine Staatsangehörigkeit.

Artikel 8: Schutz der Identität

Die Pflicht des Staates, den Schutz und gegebenenfalls die Wiederherstellung der Grundrechte der Identität des Kindes (Name, Staatsangehörigkeit, Familienbeziehungen) zu gewährleisten.

Artikel 9: Trennung von den Eltern

Das Recht des Kindes, bei seinen Eltern zu leben, es sei denn, ein solches Zusammenleben werde als unvereinbar mit dem höheren Interesse des Kindes betrachtet; das Recht, bei einer Trennung von einem oder beiden Elternteilen den Kontakt mit beiden Eltern aufrechtzuhalten; die Pflicht des Staates, in Fällen, in denen er verantwortlich ist für Maßnahmen, die zur Trennung geführt haben, über den Verbleib des abwesenden Elternteils zu informieren.

Artikel 10: Familienzusammenführung

Das Recht des Kindes und seiner Eltern, jeden Staat verlassen und in ihr eigenes Land reisen zu können, und zwar zum Zweck der Familienzusammenführung oder der Aufrechterhaltung der Beziehungen zwischen dem Kind und seinen Eltern.

Artikel 11: Rechtswidrige Ausschaffung und Nichtrückführung

Die Pflicht des Staates, sich im Kampf gegen rechtswidrige Kindsentführung ins Ausland und Nichtrückführung durch einen Elternteil oder eine Drittperson einzusetzen.

Artikel 12: Meinungsäußerung des Kindes

Das Recht des Kindes, seine Meinung zu allen seine Person betreffenden Fragen oder Verfahren zu äußern und gewiss zu sein, dass diese Meinung auch mitberücksichtigt wird.

Artikel 13: Freie Meinungsäußerung

Das Recht des Kindes, Informationen und Ideen zu erhalten und weiterzugeben und seine eigene Meinung zu äußern, vorausgesetzt, die Rechte anderer bleiben unangetastet.

Artikel 14: Glaubens-, Gewissens- und Religionsfreiheit

Das Recht des Kindes auf Glaubens-, Gewissens- und Religionsfreiheit unter Achtung der elterlichen Führungsrolle und der Einschränkungen durch innerstaatliche Gesetze.

Artikel 15: Versammlungsfreiheit
Das Recht der Kinder, sich zusammenzuschließen und Vereinigungen zu bilden, vorausgesetzt, die Rechte anderer bleiben unangetastet.

Artikel 16: Schutz des Privatlebens
Das Recht, keiner Einmischung ins Privatleben, in die Familie, Wohnung oder den Briefwechsel oder widerrechtlichen Angriffen auf die Ehre ausgesetzt zu werden.

Artikel 17: Zugang zu angemessener Information
Die Stellung der Medien in der Verbreitung von kindergerechten Informationen, die ihrem moralischen Wohlergehen, dem Wissen über andere Völker, der Völkerverständigung und der Achtung der eigenen Kultur förderlich sind. Der Staat hat Unterstützungsmaßnahmen in dieser Hinsicht zu ergreifen und das Kind vor Informationen und Materialien, die seinem Wohlbefinden schaden, zu schützen.

Artikel 18: Verantwortung der Eltern
Das Prinzip, dass die Verantwortung der Erziehung des Kindes in erster Linie beiden Eltern gemeinsam obliegt, und die Pflicht des Staates, die Eltern bei dieser Aufgabe zu unterstützen.

Artikel 19: Schutz vor Misshandlung
Die Pflicht des Staates, das Kind gegen jede Form von Misshandlung durch seine Eltern oder andere Betreuungspersonen zu schützen sowie entsprechende Präventions- und Behandlungsprogramme anzubieten.

Artikel 20: Schutz des Kindes außerhalb des Familienkreises
Die Pflicht des Staates, dem Kind, das nicht im Kreis seiner Familie lebt, einen besonderen Schutz zu gewähren und sicherzu-

stellen, dass ihm auch in einer Pflegefamilie oder einer geeigneten Institution Schutz gewährt wird unter Rücksichtnahme auf die kulturelle Herkunft des Kindes.

Artikel 21: Adoption

In den Ländern, wo die Adoption zugelassen und/oder anerkannt wird, darf diese nur im höheren Interesse des Kindes erfolgen und falls alle notwendigen Sicherheiten sowie alle Genehmigungen der zuständigen Behörden vorliegen.

Artikel 22: Flüchtlingskinder

Dem Kind, das als Flüchtling anerkannt ist oder um den Flüchtlingsstatus nachsucht, ist ein besonderer Schutz zu gewähren, und der Staat verpflichtet sich, mit den für die Aufrechterhaltung dieses Schutzes zuständigen Organisationen zusammenzuarbeiten.

Artikel 23: Behinderte Kinder

Das Recht des behinderten Kindes auf besondere Pflege sowie eine angemessene Erziehung und Schulung, die seine Selbstständigkeit und seine aktive Teilnahme am Gemeinschaftsleben fördern.

Artikel 24: Gesundheit und medizinische Dienste

Das Recht des Kindes auf die bestmögliche Gesundheit und den Zugang zu medizinischen Gesundheits- und Rehabilitationszentren; im Vordergrund steht die gesundheitliche Grundversorgung, Prävention, Information der Bevölkerung sowie die Verringerung der Kindersterblichkeit. Die Pflicht des Staates, die Abschaffung überlieferter Bräuche, die der Gesundheit der Kinder abträglich sind, zu unterstützen. Besonders betont wird die Notwendigkeit der internationalen Zusammenarbeit, um diesem Recht zum Durchbruch zu verhelfen.

Artikel 25: Überprüfung einer Einweisung

Das Recht des Kindes, das von den zuständigen Behörden zur Betreuung, zum Schutz oder zur Behandlung eingewiesen wurde, auf eine regelmäßige Uberprüfung aller Aspekte der Einweisung.

Artikel 26: Soziale Sicherheit

Das Recht des Kindes, die Leistungen der sozialen Sicherheit zu beanspruchen.

Artikel 27: Lebensstandard

Das Recht des Kindes auf einen angemessenen Lebensstandard; die prioritäre Verantwortung der Eltern in dieser Hinsicht und die Pflicht des Staates, Voraussetzungen zu schaffen, die eine Übernahme dieser Verantwortung ermöglichen und unter denen sie auch effektiv übernommen wird, nötigenfalls durch die Übernahme von Unterhaltszahlungen.

Artikel 28: Bildung

Das Recht des Kindes auf Bildung und die Pflicht des Staates, die Schulung - mindestens den Besuch der Grundschule - obligatorisch und unentgeltlich anzubieten. Die Disziplin in der Schule muss in einer Weise gewährt werden, die der Menschenwürde des Kindes entspricht. Besonders betont wird die Notwendigkeit der internationalen Zusammenarbeit, um diesem Recht zum Durchbruch zu verhelfen.

Artikel 29: Bildungsziele

Die Anerkennung des Prinzips, dass die Bildung auf die folgenden Punkte ausgerichtet wird: die Förderung der Persönlichkeitsentwicklung des Kindes und seiner Begabungen, die Vorbereitung des Kindes auf ein aktives Erwachsenenleben, die Achtung der grundlegenden Menschenrechte und die Entwicklung der Achtung kultureller und nationaler Werte seines eigenen Landes und anderer Länder.

Artikel 30: Kinder von Minderheiten und Ureinwohnern

Das Recht des Kindes, das einer Minderheit angehört oder Ureinwohner ist, seine eigene Kultur zu pflegen, sich zu einer eigenen Religion zu bekennen und seine eigene Sprache zu verwenden.

Artikel 31: Freizeit, spielerische und kulturelle Aktivitäten

Das Recht des Kindes auf Freizeit, Spiel und die Beteiligung am kulturellen und künstlerischen Leben.

Artikel 32: Kinderarbeit

Die Pflicht des Staates, das Kind vor jeder Arbeit zu schützen, die seine Gesundheit, Bildung und Entwicklung beeinträchtigt, und ein Mindestalter für die Aufnahme einer Arbeit sowie Arbeitsbedingungen festzulegen.

Artikel 33: Konsum und Handel mit Drogen

Das Recht des Kindes, gegen den Konsum von Rauschmitteln und psychotropen Stoffen und gegen einen Einsatz bei der Herstellung und Verteilung dieser Stoffe geschützt zu werden.

Artikel 34: Sexuelle Ausbeutung

Das Recht des Kindes, vor Gewalt und allen Formen der sexuellen Ausbeutung einschließlich der Prostitution und Beteiligung an pornographischen Darbietungen geschützt zu werden.

Artikel 35: Verkauf, Handel und Entführung

Die Pflicht des Staates, alles daran zu setzen, die Entführung und den Verkauf von Kindern sowie den Kinderhandel zu verhindern.

Artikel 36: Andere Formen von Ausbeutung

Das Recht des Kindes, gegen andere Formen der Ausbeutung. die nicht in Artikel 32, 33, 34 und 35 aufgeführt sind, geschützt zu werden.

Artikel 37: Folter und Freiheitsentzug

Das Verbot der Folter, grausamer Strafen oder anderer grausamer, unmenschlicher oder erniedrigender Behandlungen, der Todesstrafe, lebenslanger Freiheitsstrafe, illegaler oder willkürlicher Festnahme oder Inhaftierung. Bei einer Inhaftierung gelten die Grundsätze, dass ein Kind angemessen behandelt und von inhaftierten Erwachsenen getrennt wird, dass es den Familienkontakt aufrechterhalten kann und unverzüglich Zugang zu einem rechtskundigen oder anderen geeigneten Beistand hat.

Artikel 38: Bewaffnete Konflikte

Die Pflicht des Staates, die Regeln des humanitären Völkerrechtes, die sich auf Kinder beziehen, zu achten und für deren Beachtung zu sorgen.

Das Prinzip, dass kein Kind unter 15 Jahren direkt an Feindseligkeiten teilnimmt oder in die Streitkräfte eingezogen wird und dass alle von einem bewaffneten Konflikt betroffenen Kinder geschützt und betreut werden.

Artikel 39: Wiedereingliederung und Resozialisierung

Die Pflicht des Staates, geeignete Massnahmen zur Wiedereingliederung und Resozialisierung von Kindern zu fördern, die Opfer eines bewaffneten Konflikts, von Folter, Vernachlässigung, Ausbeutung oder Misshandlungen geworden sind.

Artikel 40: Jugendgerichtsbarkeit

Das Recht eines jeden Kindes, das verdächtigt wird oder überführt worden ist, ein Delikt begangen zu haben, auf Achtung seiner Grundrechte, insbesondere des Rechts auf ein faires Verfahren und einen rechtskundigen oder einen anderen geeigneten Beistand zur Vorbereitung und Wahrnehmung seiner Verteidigung.

Das Prinzip, auf ein gerichtliches Verfahren und eine Einweisung in eine Institution zu verzichten, wann immer dies möglich und angemessen erscheint.

Artikel 41: Achtung der bereits geltenden Normen

Das Prinzip, wonach eine Bestimmung, die im Recht des Vertragsstaates oder in dem für diesen Staat geltenden internationalen Recht vorhanden ist, dann in erster Priorität zu berücksichtigen ist, wenn sie zur Wahrung der Rechte des Kindes geeigneter ist als diejenige in dieser Konvention.

Artikel 42 bis 54: Anwendung und Inkraftsetzung

Die Bestimmung in den Artikeln 42 bis 54 sehen insbesondere folgende Punkte vor:

1) Die Pflicht des Staates, die in diesem Übereinkommen enthaltenen Rechte bei den Erwachsenen und Kindern allgemein bekannt zu machen.

2) Die Schaffung eines Rechtsausschusses für die Rechte des Kindes bestehend aus 10 Sachverständigen, welche die Berichte prüfen, die alle Vertragsstaaten dieses Übereinkommens dem Ausschuss erstmals 2 Jahre nach der Ratifizierung und danach alle 5 Jahre vorzulegen haben. Die Konvention tritt in Kraft, sobald sie von 20 Ländern ratifiziert worden ist; danach konstituiert sich der Ausschuss.

3) Die Vertragsstaaten sorgen für die weite Verbreitung ihrer Berichte im eigenen Land.

4) Der Ausschuss kann Empfehlungen zur Durchführung besonderer Studien im Zusammenhang mit den Rechten des Kindes abgeben und seine Vorschläge und Empfehlungen den jeweiligen Vertragsstaaten und der Generalversammlung unterbreiten.

5) Um die wirksame Durchsetzung dieses Übereinkommens und die internationale Zusammenarbeit zu fördem, können die Sonderorganisationen der Vereinten Nationen (wie die IAO, WHO und UNESCO) sowie die UNICEF bei den Tagungen des Ausschusses mitarbeiten. Sie - und jede andere als „kompetent" betrachtete Organisation einschließlich der nichtstaatlichen Organisationen, die bei den Vereinten Nationen einen Konsultativstatus haben, sowie die Organisationen der Vereinten Nationen wie das Hochkommissariat für das Flüchtlingswesen - können dem Ausschuss sachdienliche Informationen unterbreiten und im Auftrag des Ausschusses eine Stellungnahme abgeben, damit die Bestimmungen dieses Übereinkommens möglichst optimal in Kraft gesetzt werden können.

7 d) Die Stufen der moralischen Entwicklung nach Piaget und Kohlberg

Die Entwicklung der Moral verläuft nach Piaget von der äußeren zur inneren Moral. Diese äußere (heteronome) Moral findet sich durchschnittlich bis zum 5. Lebensjahr. Die Altersspanne von ca. 5 bis ca. 10 Jahren gilt als Übergangszeit. Ab ca. 10 Jahren postuliert Piaget aufgrund seiner Beobachtungen eine innere (autonome) Moral. Die Jahresangaben sind als grobe Häufigkeitswerte zu betrachten, da große individuelle Abweichungen möglich sind. Zudem verläuft die Entwicklung teilweise parallel: Mit der Abnahme der heteronomen Moral geht eine Zunahme der autonomen Moral einher.

Das moralische Urteil von Kindern
Drei Stufen der moralischen Entwicklung nach J. Piaget:

1 Der einfache moralische Realismus: Angst vor Strafe oder Anstreben von Belohnung
„Stehlen darf man nicht, weil man bestraft oder eingesperrt wird."

2 Die heteronome Moral: Glaube an Autoritätspersonen
„Man darf nicht stehlen, weil es der Vater, die Mutter, die Kindergärtnerin etc. verboten hat - oder weil es Sünde ist."

3 Die autonome Moral: Eigene soziale Verantwortung, Moral der Gegenseitigkeit
„Man darf nicht stehlen, denn wenn jeder sich nehmen würde, was er haben will, wäre niemand mehr seines Eigentums sicher, und niemand könnte Vertrauen zum andern haben."

Die Entwicklung der Moral nach Kohlberg

Stufe 1: Lust-Schmerz-Orientierung

Für diese Stufe ist folgende Begründung charakteristisch: Ob eine Handlung gut oder schlecht ist, hängt von den Folgen ab. Gut ist, was nicht bestraft wird. Schlecht ist, was bestraft wird.

Marion sollte nicht helfen, denn wenn sie erwischt wird, bekommt auch sie die Note 6.

Stufe 2: Kosten-Nutzen-Orientierung

Die Begründung orientiert sich an den eigenen Bedürfnissen. Eine Handlung ist gut, wenn sie den eigenen Interessen dient. Ansätze von Gegenseitigkeit sind zu erkennen, aber nur, wenn es Vorteile bringt.

Marion sollte helfen. Wenn sie erwischt wird, bekommt sie zwar eine schlechte Note, aber Gisela wäre ihr sicherlich dankbar dafür, dass sie versucht hat zu helfen.

oder:

Marion sollte ihr nicht helfen. Das Risiko, selbst eine schlechte Note zu bekommen, ist zu groß.

Stufe 3: Braves-Kind-Orientierung

Die Begründung orientiert sich an den Normen wichtiger Bezugspersonen wie Eltern, Erzieherinnen und Kinderpflegerinnen. Da das Kind bestrebt ist, sich die Anerkennung und das Wohlwollen dieser Personen zu erhalten, werden deren Normen übernommen, ohne sie zu hinterfragen. Wenn die wichtigen Sozialpartner des Kindes unterschiedliche Auffassungen vertreten, gerät das Kind in einen Konflikt.

Der Lehrer sagt, sie sollen nicht abschreiben oder abschreiben lassen. Wenn sie Gisela hilft, wird der Lehrer enttäuscht von ihr sein.

Stufe 4. Recht-und-Ordnung-Orientierung

Die Begründung orientiert sich an übergreifenden Systemen wie Religionsgemeinschaft oder Staat. Auch auf dieser Stufe werden

die jeweiligen Normen noch nicht hinterfragt. Was die Systeme vorschreiben, wird schon richtig sein.
Man soll nicht lügen. Unterschleif ist aber eine Form der Lüge.
oder:
Freundschaft ist ganz wichtig. Freunden hilft man, wenn man kann.

Stufe 5: Orientierung am sozialen Vertrag
Normen werden nun hinterfragt. Es besteht die Einsicht, dass Normen das Zusammenleben regeln. Sie werden nun bewusst übernommen.
In der Schulordnung steht, dass man weder abschreiben darf, noch einem anderen während einer Arbeit helfen darf. Wenn das da drin steht, wird es schon richtig sein.

Stufe 6: Orientierung an ethischen Grundsätzen
Orientierung am eigenen Gewissen. Die Begründung orientiert sich an den Normen, weil man das selbst so will bzw. für richtig hält.
Unterschleif ist nicht in Ordnung, egal für wen er begangen wird. Jeder muss nach seinen eigenen Leistungen beurteilt werden, sonst könnten wir die Arbeiten ganz vergessen.
oder:
Noten für schriftliche Arbeiten sind nicht immer gerecht. Es gibt Schülerinnen, die soviel Angst vor diesen Arbeiten haben, dass sie blockiert sind, obwohl sie gelernt haben und den Stoff beherrschen. In solchen Fällen kann man helfen.

Entwicklung der Moral (Kohlberg)

Stufe	Begründung	Ebene
1: Lust-Schmerz-Orientierung	Schmerzvermeidung oder Sich-nicht-erwischen-lassen	Ebene I Vorläufer der Moral
2: Kosten-Nutzen Orientierung Umkehrbarkeit - Eine Hand wäscht die andere	Erwartete Belohnung	
3: Braves-Kind-Orientierung	Anerkennung gewinnen; Kritik vermeiden	Ebene II Fremdbe-stimmte Moral
4: Recht-und-Ordnung-Orientierung	Den Regeln gehorchen; den Autoritäten nicht missfallen	
5: Orientierung am sozialen Vertrag	Sich für das Wohl der Gesellschaft einsetzen	Ebene III Selbstbestimmte Moral
6: Orientierung an ethischen Grundsätzen	Der Gerechtigkeit dienen; Selbstver-dammung vermeiden	

verändert nach: Ph.. Zimbardo, 1995

Wie bereits erwähnt, lassen sich keine genauen Angaben darüber machen, in welchem Lebensalter die einzelnen Stufen erreicht werden. Es ist auch möglich, dass Menschen auf frühere Stufen zurückfallen. Dennoch kann man ungefähre Angaben darüber machen, wie sich die einzelnen Stufen über die verschiedenen Altersgruppen verteilen. Folgende Übersicht gibt die Ergebnisse der Kohlberg-Studie wieder:

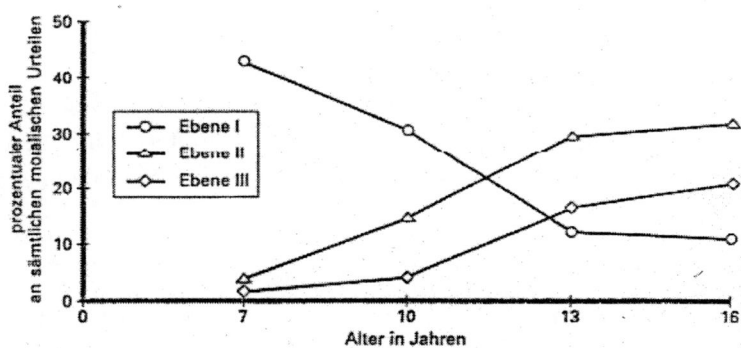

Entwicklungspsychologie:
Die Entwicklung der Moral
Die sechs Stufen des moralischen Urteils nach Kohlberg (ergänzende Darstellung)

Vorkonventionelle Stufen
Stufe 1: Strafe und Gehorsam (bis ca. 10 Jahre)

Soziale Perspektive
Egozentrischer Gesichtspunkt

Charakterisierung der Stufe:
Wörtliche Befolgung von Regeln. Strafvermeidung. Gehorsam gegenüber Autoritäten, die mehr Macht haben. Orientierung an der Maxime: keine physische Gewalt gegenüber Menschen und fremdem Eigentum.

Moralische Überlegungen des Individuums:
Man zieht die Interessen anderer nicht in Betracht, erkennt gar nicht, dass diese sich von den eigenen unterscheiden können. Zwei verschiedene Standpunkte stehen unverbunden nebeneinander. Handlungen werden aufgrund ihrer physischen Konsequenzen beurteilt, nicht im Blick auf psychologische Interessen Beteiligter. Die Perspektive der Autoritätsperson wird mit der eigenen vermengt.

Vorkonventionelle Stufen
Stufe 2: Individuell, instrumentell, Absicht und Austausch (ca. 10 bis 13 Jahre)

Soziale Perspektive
Konkrete individualistische Perspektive

Charakterisierung der Stufe

Regeln werden befolgt, wenn es im unmittelbaren Interesse einer Person steht. Man dient den eigenen Interessen und Bedürfnissen oder denjenigen einer anderen Person. Faire Abmachungen zum Vorteil beider Beteiligter.

Moralische Überlegungen des Individuums

Die eigenen Interessen und Gesichtspunkte werden von denjenigen anderer, auch von Autoritätspersonen, unterschieden. Es ist nun klar, dass jeder seine eigenen Interessen hat, so dass Konflikte entstehen können. Daher die Bemühung, gegensätzliche Interessen zu vereinen, z. B. durch instrumentellen Austausch gegenseitiger Hilfe oder durch gerechte Verteilung. Angewiesensein auf den anderen und auf dessen guten Willen.

Konventionelle Stufen

Stufe 3: Wechselseitige Erwartungen, Beziehungen und Konformität (ca. 13 bis 17 Jahre)

Soziale Perspektive

Das Individuum steht in Beziehung zu anderen Individuen, und kann sich in die Lage des anderen versetzen.

Charakterisierung der Stufe

Motivation, Regeln und Erwartungen zu befolgen. Bedürfnis, gut (nett, lieb) zu sein, um den Erwartungen nahestehender Personen gerecht zu werden. Sensibilität für andere Menschen und deren Gefühle. Aufrechterhalten von Vertrauen, Loyalität, Respekt und Dankbarkeit.

Moralische Überlegungen des Individuums

Bewußtsein gemeinschaftlicher Gefühle, Abmachungen und Erwartungen, die vor individuellen Interessen rangieren. Man vermittelt verschiedene Standpunkte anhand der „Goldenen Regel", wonach man andere so behandeln soll, wie man selbst behandelt werden möchte. Man zieht keine verallgemeinerte „System"-Perspektive in Betracht.

Konventionelle Stufen
Stufe 4: Soziales System und Gewissen (Adoleszenz)

Soziale Perspektive
Standpunkt der Gesellschaft

Charakterisierung der Stufe
Pflichterfüllung in der Gesellschaft. Aufrechterhaltung der sozialen Ordnung. Beitrag zum Wohlergehen der Gesellschaft oder der Gruppe. Gehorsam gegenüber Gesetzen, außer in extremen Fällen, wo diese mit anderen gesellschaftlichen Pflichten und Rechten in Konflikt geraten.

Moralische Überlegungen des Individuums
Übernahme des System-Standpunktes, welcher die Rollen und Regeln definiert. Individuelle Beziehungen werden mit Bezug auf den Ort betrachtet, den sie im System einnehmen.

Übergangsstufe
Stufe 4 1/2: Übergang

Soziale Perspektive
Außerhalb der Gesellschaft

Charakterisierung der Stufe
Die Entscheidung ist persönlich und subjektiv; sie basiert auf Gefühlen. Das Gewissen ist relativ.

Moralische Überlegungen des Individuums

Man betrachtet sich als Individuum, welches ohne allgemeinen Kontrakt mit der Gesellschaft Entscheidungen fällt. Man kann durchaus Verpflichtungen übernehmen, welche in einer bestimmten Gesellschaft vorgeschrieben sind; man hat jedoch keine Prinzipien für eine solche Wahl.

Postkonventionelle und prinzipiengeleitete Stufen

Stufe 5: Grundrechte und soziale Übereinkunft (Ende Adoleszenz)

Soziale Perspektive

Übergesellschaftliche Perspektive

Charakterisierung der Stufe

Hochhalten von Grundrechten, Werten und Gesetzesübereinkünften einer Gesellschaft, auch wenn sie zu den konkreten Regeln und Gesetzen der Gruppe im Widerspruch stehen; gewöhnlich befolgt man die letzteren jedoch, weil sie die soziale Übereinkunft darstellen, welche zum Besten aller ausgehandelt wurde.

Moralische Überlegungen des Individuums

Man anerkennt Werte und Rechte, die sozialen Bindungen und Vereinbarungen übergeordnet sind. Zwischen unterschiedlichen Standpunkten wird mittels formalisierter Verfahren wie Übereinkunft, Vertrag, unparteiliches Urteil oder gerichtliche Klage vermittelt. Man zieht den moralischen und auch den gesetzlichen Standpunkt in Betracht, erkennt den Konflikt und findet es schwierig, die beiden Aspekte zu integrieren.

Postkonventionelle und prinzipiengeleitete Stufen
<u>Stufe 6:</u> Universelle ethische Prinzipien (selten)

Soziale Perspektive
Moralischer Standpunkt

Charakterisierung der Stufe
Glaube an allgemeingültige Prinzipien der Gerechtigkeit. Wenn Gesetze diese Prinzipien verletzen, handelt man in Übereinstimmung mit den Prinzipien.

Moralische Überlegungen des Individuums
Man erkennt, dass soziale Vereinbarungen sich aus moralischen Überlegungen ableiten. Man erkennt das Wesen der Moralität und respektiert andere Personen als Selbstzwecke, nicht als Mittel.

Quelle: Nach Kohlberg, L. (1981): The Philosophy of Moral Development, Vol. I., S. 409-12. San Francisco (Harper & Row). Aus: Damon, William: Die soziale Entwicklung des Kindes. Klett-Cotta Stuttgart 1989, leicht verändert von J. Frick.

8. Literaturverzeichnis

Im diesem Literaturverzeichnis finden interessierte Leserinnen weiterführende Bücher und Schriften zu verschiedenen in diesem Buch angesprochenen Bereichen, ebenso wie zu nur gestreiften Themen wie Kirche und Religion, Religion und Politik oder auch zu weiteren religionspsychologischen und psychologischen Aspekten sowie Angaben zu autobiographischen Berichten, die hier nicht näher besprochen werden konnten, aber für die behandelte Thematik wichtig und aufschlussreich sind.

Abosch, Heinz: *Das Ende der großen Visionen. Plädoyer für eine skeptische Kultur.* Junius Hamburg 1993

Adler, Alfred: *Über nervösen Charakter.* Fischer Frankfurt 1973

Adler, Alfred: *Praxis und Theorie der Individualpsychologie.* Fischer Frankfurt 1974

Adler, Alfred: *Menschenkenntnis.* Fischer Frankfurt 1973

Adler, Alfred/Jahn, Ernst: *Religion und Individualpsychologie.* Fischer Frankfurt 1975

Alexander, David u. Pat: *Handbuch zur Bibel.* R. Brockhaus Wuppertal 1995

Allgemeine Erklärung der Menschenrechte. Mit dreißig Radierungen von Christoph Meckel. Insel Frankfurt 1990

Altenthan, Sophia u.a.: *Erziehungslehre.* Stam Köln 1996

Amnestie! *Das Magazin für Menschenrechte.* Hrsg.: Amnesty International Schweiz. Bern Oktober 1997

Anders, Günther: *Ketzereien.* C.H. Beck München 1991

Arendt, Hannah: *Elemente und Ursprünge totaler Herrschaft.* Piper München 1986

Bahar, Alexander: *Vom Umgang mit Häretikern und Sekten einst und heute.* In: Neue Zürcher Zeitung vom 1.2./2.2.1997, Nr. 26,

S. 17

Bar, Erhard: *Was ist Aufklärung? Thesen und Definitionen.* Reclam Stuttgart 1994

Bartholomäus, Wolfgang: *Formungen und Verformungen der sexuellen Entwicklung durch religiöse Erziehung.* In: Klosinski, Gunther: Religion als Chance oder Risiko. Huber Bern 1994

Bandura, Albert: *Aggression. Eine sozial-lerntheoretische Analyse.* Klett-Cotta Stuttgart 1979

Bertholet, Alfred: *Wörterbuch der Religionen.* Kröner Stuttgart 1985

Berufsverband deutscher PsychologInnen e.V.: *Was eine alternativ-spirituelle Gruppe zur Sekte macht.* Bonn 1997

Bielander, Raphael (Hrsg.): *Jakob. Mein katholisches Trauma.* Z-Verlag Basel 1984

Buggle, Franz: *Denn sie wissen nicht, was sie glauben. Oder warum man redlicherweise nicht mehr Christ sein kann.* Rowohlt Hamburg 1992

Buhr, Manfred: Weisheiten. *Zeugnisse philosophischer Weisheiten aus zweieinhalb Jahrtausenden.* Bibliographisches Institut Leipzig 1990

Conquest, Robert: *Der Große Terror.* Langen Müller München 1992

Daiyun, Yue: *Als hundert Blumen blühen sollten.* Scherz Bern 1986

Dahl, Edgar: *Die Lehre des Unheils. Fundamentalkritik am Christentum.* Goldmann München 1993

Damon, William: *Die soziale Entwicklung des Kindes.* Klett-Cotta Stuttgart 1989

Day, Malcolm: *Große Abenteuer der Bibel. Eine Reise durch die Welt des alten Testaments.* Herder Freiburg 1995

Denzler, Georgi/Fabricius, Volker: *Christen und Nationalsozialisten.* Fischer Frankfurt 1993

Deschner, Bärbel und Katja (Hrsg.): *Sie Oberteufel. Briefe an Karlheinz Deschner.* Rasch und Röhring Berlin 1992

Deschner, Karlheinz: *Kirche des Unheils. Argumente um Konsequenzen zu ziehen.* Heyne München 1974

Deschner, Karlheinz: *Die Vertreter Gottes. Eine Geschichte der Päpste im 20. Jahrhundert.* Heyne München 1994

Deschner, Karlheinz: *Kirche und Faschismus.* Moewig Rastatt 1990

Deschner, Karlheinz: *Das Kreuz mit der Kirche. Eine Sexualgeschichte des Christentums.* Econ Düsseldorf 1992

Deschner, Karlheinz: *Das Jahrhundert der Barbarei.* Desch München 1966

Deschner, Karlheinz (Hrsg): *Kirche und Krieg.* Günther Stuttgart 1970

Deschner, Karlheinz: *Ein Jahrhundert Heilsgeschichte. Die Politik der Päpste im Zeitalter der Weltkriege. Band 1.* Kiepenheuer und Witsch Köln 1982

Deschner, Karlheinz: *Ein Jahrhundert Heilsgeschichte. Die Politik der Päpste im Zeitalter der Weltkriege. Band 2.* Kiepenheuer und Witsch Köln 1983

Deschner, Karlheinz: *Abermals krähte der Hahn. Eine Demaskierung des Christentums von den Evangelisten bis zu den Faschisten.* Rowohlt Hamburg 1973

Deschner, Karlheinz: *Opus Diaboli.* Rowohlt Hamburg 1987

Deschner, Karlheinz: Das Christentum im Urteil seiner Gegner. Band 1. Limes Wiesbaden 1969

Deschner, Karlheinz: *Das Christentum im Urteil seiner Gegner. Band 2.* Limes Wiesbaden 1971

Deschner, Karlheinz: *Kriminalgeschichte des Christentums. Band 1: Die Frühzeit.* Rowohlt Reinbek 1986

Deschner, Karlheinz: *Kriminalgeschichte des Christentums. Band 2: Die Spätantike.* Rowohlt Reinbek 1988

Deschner, Karlheinz: *Kriminalgeschichte des Christentums. Band 3: Die alte Kirche.* Rowohlt Reinbek 1990

Deschner, Karlheinz: *Kriminalgeschichte des Christentums. Band 4: Frühmittelalter.* Rowohlt Reinbek 1994

Deschner, Karlheinz: *Kriminalgeschichte des Christentums. Band 5: 9. und 10. Jahrhundert.* Rowohlt Reinbek 1997

Deschner, Karlheinz (Hrsg.): *Woran ich glaube.* Gütersloher Verlagshaus Gerd Mohn Gütersloh 1990

Deschner, Karlheinz: *Der gefälschte Glaube. Eine kritische Betrachtung kirchlicher Lehren und ihrer historischen Hintergründe.* Knesebek und Schuler München 1988

Deschner, Karlheinz: *Oben ohne. Für einen götterfreien Himmel und eine priesterfreie Welt.* Rowohlt Reinbek 1997

Deschner, Karlheinz/Herrmann, Horst: *Der Anti-Katechismus. 200 Gründe gegen die Kirchen und für die Welt.* Rasch und Röhring. Hamburg 1991

Diderot, Denis: *Auswahl aus der Enzyklopädie.* Reclam Leipzig 1984

Die Bibel. Altes und neues Testament. Einheitsübersetzung. Herder Freiburg 1995

Die heilige Schrift des alten und des neuen Testaments. Hrsg.: Kirchenrat des Kantons Zürich. Verlag der Zwingli-Bibel Zürich 1967

Diesseits. Zeitschrift für Humanismus und Aufklärung. Nr. 2/1997 Berlin

Drewermann, Eugen: *Kleriker. Psychogramm eines Ideals.* Dtv München 1991

Dudenredaktion (Hrsg.): *Duden. Etymologie der deutschen Sprache.* Band 7. Mannheim 1963

Dröge, Annette: *Zum Teufel mit der Kirche - Stationen einer Gehirnwäsche.* In: Scherf, Dagmar (Hrsg.): Der liebe Gott sieht alles. Fischer Frankfurt 1984

Ellis, Albert: *Religion ist Kinderkram.* Interview in Psychologie heute Nr. 6/1997 Beltz Weinheim

Epikur: *Von der Überwindung der Furcht.* Ex Libris Zürich 1968

Ernst, Heiko: *Macht Glauben gesund?* Psychologie heute Nr. 6/1997 Beltz Weinheim

F., Christiane: *Wir Kinder vom Bahnhof Zoo.* Stern Hamburg

1979

Fay, Martha: *Brauchen Kinder Religion? Wie Eltern die Fragen nach dem Sinn des Lebens beantworten.* Kabel Hamburg 1994

Feuerbach, Ludwig: *Das Wesen des Christentums.* Reclam Stuttgart 1974

Feuerbach, Ludwig: *Vorlesungen über das Wesen der Religion.* Akademie Berlin 1981

Feuerbach, Ludwig: *Theogonie.* Akademie Berlin 1985

Finkielkraut, Alain: *Die Niederlage des Denkens.* Rowohlt Reinbek 1990

Fleiner, Thomas: *Was sind Menschenrechte.* Pendo Zürich 1996

Frank, Leonhard: *Die Ursache.* Büchse der Pandora Münster 1978

Frankl, Viktor: *Der Mensch vor der Frage nach dem Sinn.* Piper München 1986

Freud, Sigmund: *Die Zukunft einer Illusion.* Ex Libris Zürich 1977

Freud, Sigmund: *Zwangshandlungen und Religionsübungen.* Studienausgabe Band 7. Ex Libris Zürich 1977

Freud, Sigmund: *Der Mann Moses und die monotheistische Religion.* Studienausgabe Band 9. Ex Libris Zürich 1977

Fogelmann, Eva: *Wir waren keine Helden. Lebensretter im Angesicht des Holocaust. Motive, Geschichten, Hintergründe.* Campus Frankfurt 1995

Frick, Jürg: *Menschenbild und Erziehungsziel.* Pädagogische Theorie und Praxis bei Bertrand Russell. Haupt Bern 1990

Frick, Jürg: *Abgeholt werden, wo die psychische Not drückt. Verführbarkeit von Jugendlichen durch totalitäre Gruppierungen.* Neue Zürcher Zeitung, 25.11.1993, S. 79

Frick, Jürg: *Intrapsychische Bereitschaften und Gehorsamsprozesse.* Pädagogische Welt. Donauwörth. März 1994, S. 112-114

Frischmuth, Barbara: *Die Klosterschule.* Rowohlt Reinbek 1984

Fussenegger, Gertrud/Fuchshuber, Annegret: *Die Arche Noah.* Betz Wien 1995

Gay, Peter: *Ein gottloser Jude. Sigmund Freuds Atheismus und die Entwicklung der Psychoanalyse.* Fischer Frankfurt 1988

Gesellschaft für das Schweizerische Landesmuseum (Hrsg.): *Himmel, Hölle, Fegefeuer. Das Jenseits im Mittelalter.* Verlag Neue Zürcher Zeitung Zürich 1994

Glötzner, Johannes: *Das Vierte und das Sechste - Erziehung zum braven Untertan und komplexbeladenen Sexmuffel.* In: Scherf, Dagmar (Hrsg.): Der liebe Gott sieht alles. Fischer Frankfurt 1984

Gottschaldt, Eva: *Muttergott.* In: Scherf, Dagmar (Hrsg.): Der liebe Gott sieht alles. Fischer Frankfurt 1984

Grigulevič, J. R.: *Ketzer-Hexen-Inquisitoren.* 2 Bände. Akademie Berlin 1980

Grom, Berhard: *Gottesvergiftung oder Gottestherapie.* In Psychologie heute Nr. 6/1997 Beltz Weinheim 1997

Grün, Mara: *Der Jungfräulichkeitswahn.* In: Scherf, Dagmar (Hrsg.): Der liebe Gott sieht alles. Fischer Frankfurt 1984

Guerri, Giordano Bruno: *Ego te absolvo. Beichtstuhl-Protokolle.* Hoffmann und Campe Hamburg 1995

Haffmans, Gerd (Hrsg.): *Kleiner Atheismus-Katechismus.* Haffmans Zürich 1993

Hark, Helmut: *Religiöse Neurosen. Ursachen und Heilung.* Kreuz Zürich/Stuttgart 1984

Harris, Marvin: *Fauler Zauber. Wie der Mensch sich täuschen lässt.* Dtv München 1997

Hausser, Karl: *Identitätspsychologie.* Springer Berlin 1995

Heer, Friedrich/Kahl, Joachim/Deschner, Karlheinz: *Warum ich Christ/Atheist/Agnostiker bin.* Kiepenheuer und Witsch Köln 1977

Herrmann, Horst: *Die sieben Todsünden der Kirche. Ein Plädoyer gegen die Menschenverachtung.* Goldmann München 1992

Herrmann, Horst: *Die Kirche und unser Geld. Wie die Hirten ihre Schäfchen ins trockene bringen.* Goldmann München 1992

Herrmann, Horst: *Kirchenaustritt. Ja oder nein?* Rasch und Röhring Hamburg 1992

Herzka, Heinz Stefan: *Die Kinderverträglichkeitsprüfung.* In: Stiftung für das Kind (Hrsg.): Kinder haben Rechte. Horw 1993

Hiorth, Finngeir: *Atheismus - genau betrachtet.* Lenz Neustadt 1995

Hodos, Georg Hermann: *Schauprozesse. Stalinistische Säuberungen in. Osteuropa 1948-54.* Ex Libris Zürich 1989

Hoerster, Norbert (Hrsg.): *Glaube und Vernunft. Texte zur Religionsphilosophie.* Reclam Stuttgart 1985

Hoerster, Norbert (Hrsg.): *Religionskritik. Arbeitstexte für den Unterricht.* Reclam Stuttgart 1984

Holbach, Paul Thiry d': *System der Natur oder von den Gesetzen der physischen und der moralischen Welt.* Berlin Berlin 1960

Höffe, Otfried (Hrsg.): *Lexikon der Ethik.* Beck München 1986

Holbach, Paul Thiry: *Religionskritische Schriften.* Freistühler Schwerte o. J.

Hole, Günter: *Die depressive Dekompensation - pathologische Endstrecke einer religiösen Anstrengung.* In: Klosinski, Gunther (Hrsg.): Religion als Chance oder Risiko. Huber Bern 1994

Horster, Detlef: *Postchristliche Moral.* In: Zeitschrift für Individualpsychologie Nr. 2/1997 Reinhardt München 1997

Höss, Rudolf: *Kommandant in Auschwitz. Autobiographische Aufzeichnungen.* Dtv München 1978

Institut für Geschichte der Arbeiterbewegung (Hrsg.): *Schauprozesse unter Stalin 1932-1952.* Dietz Berlin 1990

Jakob: *Mein katholisches Trauma.* Z-Verlag Basel 1984

Juple, Hans: *Gedanken zu Glauben, Wissen und Religion.* In: Freidenker. Monatsschrift der Freidenkervereinigung der Schweiz. Basel Nr. 1/1996

Kahl, Joachim: *Das Elend des Christentums oder Plädoyer für eine Humanität ohne Gott.* Rowohlt Hamburg 1977

Kaige, Chen: *Kinder des Drachens. Eine Jugend in der Kulturrevolution.* G. Kiepenheuer Leipzig 1994

Kant, Immanuel: Deines Lebens Sinn. Diogenes Zürich 1996

Kern, Gerhard/Traynor, Lee: *Die esoterische Verführung. Angriffe auf Vernunft und Freiheit.* IBDK Aschaffenburg 1995

Kienzler, Klaus: *Der religiöse Fundamentalismus.* Beck München 1996

Klee, Ernst: *Die SA Jesu Christi. Die Kirche im Banne Hitlers.* Fischer Frankfurt 1989

Klee, Ernst: *Persilschein und falsche Pässe. Wie die Kirchen den Nazis halfen.* Fischer Frankfurt 1991

Koestler, Arthur: *Sonnenfinsternis.* Europaverlag Wien 1978

Koestler, Arthur: *Das rote Jahrzehnt.* Europaverlag Wien 1991

Koestler, Arthur u.a.: *Ein Gott der keiner war.* Europa Zürich 1950

Kolbe, Christoph: *Heilung oder Hindernis. Religion bei Freud, Adler, Fromm, Jung und Frankl.* Kreuz Zürich/Hamburg 1986

Kropotkin, Peter: *Ethik. Ursprung und Entwicklung der Sitten.* Kramer Berlin 1976

Kropotkin, Peter: *Gegenseitige Hilfe in der Tier- und Menschenwelt.* Kramer Berlin 1975

Küng, Hans: *Unfehlbar? eine Anfrage.* Ullstein Frankfurt 1980

Küng, Hans: *Projekt Weltethos.* Piper München 1990

Küng, Hans: *Existiert Gott? Antwort auf die Gottesfrage der Neuzeit.* Ex Libris Zürich 1980

Künzli, Arnold: *Fundamentalismus als Flucht aus der Moderne.* In: Paulus Akademie (Hrsg.): Fundamentalismus in der modernen Welt. Dokumentation zur Tagung vom 24./25.1 1.1996 in Zürich

Kurtz, Paul: *Leben ohne Religion. Eupraxophie.* Lenz Neustadt 1993

Lange, Friedrich Albert: *Geschichte des Materialismus.* 2 Bände. Suhrkamp Frankfurt 1974

Lange, Erhard u.a.: *Philosophenlexikon.* Verlag das europäische Buch. Berlin 1982

Lea, Henry Charles: *Geschichte der Inquisition im Mittelalter. 3*

Bände. Greno Nördlingen 1987

Leonhard, Wolfgang: *Die Revolution entlässt ihre Kinder.* Kiepenheuer & Witsch Köln 1990

Ley, Hermann: *Geschichte der Aufklärung und des Atheismus. Bände 1, 2/1, 2/2, 3/1, 3/2, 4/1, 4/2, 5/1, 5/2.* VEB Deutscher Verlag der Wissenschaften Berlin 1966-1989

Lo Bello: *Die Milliarden des Vatikan. Das Wirtschaftsimperium der römischen Kurie.* Molden Wien 1970

Lo Bello: *Vatikan im Zwielicht. Die unheiligen Geschäfte des Kirchenstaates.* Heyne München 1991

Lukács, Georg u.a.: *Die Säuberung.* Rowohlt Reinbek 1991

Maddox, Brenda: *Die teuflische Doktrin. Der Papst und die Empfängnisverhütung.* Knesebeck und Schuler München 1991

Mann, Heinrich: *Der Untertan.* Volk und Welt Berlin 1984

Masson, Jeffrey: *Die Abschaffung der Psychotherapie.* Bertelsmann München 1991

Mauthner, Fritz: *Der Atheismus und seine Geschichte im Abendlande. 4 Bände.* Deutsche Verlagsanstalt Stuttgart 1920-1923

Meier, Michael: *Abschied vom bärtigen Gott. Einblick in moderne Kinderbibeln.* Tages-Anzeiger Zürich vom 14.12.1995

Meyer, Thomas: *Fundamentalismus. Der Kampf gegen Aufklärung und Moderne.* Humanitas Dortmund 1995

Milgram, Stanley: *Das Milgram-Experiment. Zur Gehorsamsbereitschaft gegenüber Autorität.* Rowohlt Reinbek 1982

Miller, Alice: *Am Anfang war Erziehung.* Suhrkamp Frankfurt 1980

Miller, Alice: *Abbruch der Schweigemauer.* Hoffmann und Campe Hamburg 1990

Min, Anchee: Rote Azalee. Ein Frauenleben in China. Kiepenheuer und Witsch Köln 1994

Minois, Georges: *Die Hölle. Zur Geschichte einer Fiktion.* Diederichs München 1994

Montaigne, Michel de: *Essais.* Manesse Zürich 1953

Moser, Tilmann: *Gottesvergiftung.* Suhrkamp Frankfurt 1976

Most, Johann: *Die Gottespest.* Edition Sonne und Freiheit Nürnberg 1980

Mynarek, Hubertus: *Eros und Klerus. Vom Elend des Zölibats.* Knaur München 1980

Mynarek, Hubertus: *Denkverbot. Fundamentalismus in Christentum und Islam.* Knesebeck München 1992

Nasrin, Taslima: *Lajja. Scham.* Hoffmann und Campe Hamburg 1995

Nasrin, Taslima: *Lied einer traurigen Nacht.* Hoffmann und Campe Hamburg 1996

Neumann, Johannes: *Religiöser Rigorismus als Ausdruck gesellschaftlicher Desintegration.* In: Klosinski, Gunther (Hrsg.): Religion als Chance oder Risiko. Huber Bern 1994

Neumann, Walter: *Glauben heißt nicht Wissen. Lehrbuch zum Atheismus.* Verlag für Gesellschaft Neumann Hannover 1994

Nietzsche, Friedrich: *Der Antichrist.* In: Werke in sechs Bänden, Band 4. Hanser München 1980

Noll, Wynfrith: *Wenn Frommsein krank macht.* Socio medico Planegg 1989

NZZ-Folio Nr. 1/1996: *Menschenrechte.* NZZ Zürich 1996

Porter, Roy: *Kleine Geschichte der Aufklärung.* Wagenbach Berlin 1990

Rattner, Josef: *Tugend und Laster. Was ist Tugend, was ist Laster? Tiefenpsychologie und Psychotherapie als angewandte Ethik.* Knesebeck und Schuler München 1988

Reese-Schäfer, Walter: *Was ist Kommunitarismus?* Campus Frankfurt 1994

Richter, Jutta: *Himmel, Hölle, Fegefeuer. Versuch einer Befreiung.* Rowohlt Hamburg 1985

Ringel, Erwin/Kirchmayr, Alfred: *Religionsverlust durch religiöse Erziehung. Tiefenpsychologische Ursachen und Folgerungen.* Herder Wien 1986

Rohrbach, Heiko: *Befreiung von biblischen Alpträumen. Wider Sintflut und Höllenangst.* Kreuz Stuttgart 1994

Rudolf, Gisela: *Gottloses Glück.* Zytglogge Bern 1990

Rutschky, Katharina: *Schwarze Pädagogik. Quellen zur Natur-geschichte der bürgerlichen Erziehung.* Ullstein Berlin 1977

Rutschky, Katharina: *Deutsche Kinderchronik. Wunsch- und Schreckensbilder aus vier Jahrhunderten.* Kiepenheuer und Witsch Köln 1983

Russell, Bertrand: *Wissen und Wahn. Skeptische Essays.* Drei Masken München 1930 (EA 1928)

Russell, Bertrand: *Die Praxis und Theorie des Bolschewismus.* Darmstädter Blätter Darmstadt 1987 (EA 1920)

Russsell, Bertrand: *Autobiographie Band 3. 1944-1967.* Suhr-kamp Frankfurt 1974

Russell, Bertrand: *Ehe und Moral.* Darmstädter Blätter Darm-stadt 1984 (EA 1929)

Russell, Bertrand: *Briefe aus den Jahren 1950-1968.* Melzer Frankfurt 1970

Russell, Bertrand: *Bertrand Russell sagt seine Meinung.* Verlag Darmstädter Blätter Darmstadt 1976 (EA 1960)

Russell, Bertrand: *Eroberung des Glücks. Neue Wege zu einer besseren Lebensgestaltung.* Holle Darmstadt 1951 (EA 1930)

Russell, Bertrand: *Macht. Eine sozialkritische Studie.* Europa Zürich 1947 (EA 1938)

Russell, Bertrand: *Philosophie des Abendlandes. Ihr Zusammen-hang mit der politischen und sozialen Entwicklung.* Ex Libris Zürich 1979 (EA 1945)

Russell, Bertrand: *Warum ich kein Christ bin.* Szczesny Mün-chen 1963 (EA 1957)

Schatzmann, Morton: Die Angst vor dem Vater. Rowohlt Ham-burg 1978

Scherf, Dagmar (Hrsg.): *Der liebe Gott sieht alles. Erfahrungen mit religiöser Erziehung.* Fischer Frankfurt 1984

Schulte, Günter: *Die grausame Wahrheit der Bibel. Eine An-thropologie unserer Vernunft und Moral.* Campus Frankfurt 1995

Stamm, Hugo: *Sekten. Im Bann von Sucht und Macht.* Kreuz Zürich 1995

Stasius, Horst: *Menschenrechte. Gesetze ohne Gewähr.* Rowohlt Hamburg 1987

Summerset Maugham, W.: *Die Leidenschaft des Missionars.* Diogenes Zürich 1976

Stierlin, Helm: *Die Christen in der Weltfamilie: Auserwählt zur Friedenssicherung?* Hochstadt Maintal 1982

Szczesny, Gerhard: *Die Zukunft des Unglaubens.* List München 1959

Thiele-Dormann, Klaus: *Abschied vom Gewissen? Die allmähliche Auflösung unserer moralischen Instanz.* Kabel Hamburg 1991

Tokarew, S.A.: *Die Religion in der Geschichte der Völker.* Pahl-Rugenstein Köln 1980

Truong, Marcelino u.a.: *Die Bibel. Eine Einführung für Kinder.* Kreuz Stuttgart 1995

UNESCO-Kurier: *Menschenrechte. Nr. 3/1994* Bern Hallwag

UNESCO-Kurier: *Fundamentalismus - Religion und Politik heute. Nr. 12/1994* Bern Hallwag

Unicef-CH (Hrsg.): *Kinder haben Rechte, auch bei uns. Die Konvention über die Rechte des Kindes und die Schweiz.* Zürich 1993

Vilar, Esther: *Die Erziehung der Engel. Wie lebenswert wäre das Ewige Leben?* Econ Düsseldorf 1992

v. Paczensky, Gert: *Teuer Segen. Christliche Mission und Kolonialismus.* Albrecht Knaus München 1991

Vorgrimler, Herbert: *Geschichte der Hölle.* Fink München 1993

Walzer, Michael: *Sphären der Gerechtigkeit. Ein Plädoyer für Pluralität und Gleichheit.* Campus Frankfurt 1994

Walzer, Michael: *Kritik und Gemeinsinn. Drei Wege der Gesellschaftskritik.* Fischer Frankfurt 1993

Walzer, Michael: *Zweifel und Einmischung. Gesellschaftskritik im 20. Jahrhundert.* Fischer Frankfurt 1991

Watters, Wendell W.: *Tödliche Lehre*. Angelika Lenz Neustadt 1995

Weber, Erich: *Erziehungsstile*. Auer Donauwörth 1986

Weger, Karl-Heinz (Hrsg.): *Religionskritik von der Aufklärung bis zur Gegenwart*. Herder Freiburg 1983

Weltbild Verlag (Hrsg.): *Enzyklopädie der Religionen*. Weltbild Augsburg 1990

Wensell, Ulises: *Die große Ravensburger Kinderbibel*. *Erzählt von Thomas Erne*. Ravensburg 1995

Zorn, Fritz: *Mars*. Ex Libris Zürich 1979

Abbildungsnachweis

S. 107: G. Minois, Die Hölle. Diederichs München 1994, S. 198

S. 109: P. Jezler, Himmel, Hölle, Fegefeuer. Verlag Neue Zürcher Zeitung Zürich 1994, S. 343. Weltgerichtsaltärchen, Detail, um 1975: Engel und Teufel präsentieren das Weltgericht

S. 113: H. Vorgrimmler, Geschichte der Hölle. W. Fink Verlag München 1993

S. 115: P. Jezler, Himmel, Hölle, Fegefeuer. Verlag Neue Zürcher Zeitung Zürich 1994, S. 361. Unaufhörliche Qualen in der Hölle. Fragment eines Jüngsten Gerichts von Colijn de Coter: Die Verdammten

S. 141: U. Wensell, Die große Ravensburger Kinderbibel. Die Sintflut. Ravensburger Ravensburg 1995, S. 24

S. 147: ebda., Die Sintflut, S. 29

Finngeir Hiorth
Atheismus - genau betrachtet
Eine Einführung
Der norwegische Autor, ehemaliger Dozent für Philosophie an der Universität Oslo, analysiert den Atheismus unter Berücksichtigung aller wichtigen Philosophien mit Schwerpunkt auf der Zeit der Aufklärung, dem 19. und 20. Jahrhundert, die sich mit diesem Thema auseinandergesetzt haben. Die Entwicklung des weltweiten Atheismus ist noch längst nicht abgeschlossen.
216 S., kart., ISBN 3-9802799-7-9 **DM 24,90**

Finngeir Hiorth
Humanismus - genau betrachtet
Eine Einführung
Atheismus und Humanismus sind zwei Hauptbereiche des Säkularismus, obwohl nicht alle Formen des Humanismus säkular sind. Der säkulare Humanismus ist eine Ideologie, die es erst seit dem 20. Jahrhundert gibt. Vernunft und Wissenschaft werden betont. Heute ist der säkulare Humanismus eine wichtige Strömung in der zeitgenössischen Philosophie und im gesellschaftlichen Leben.

300 S., kart., ISBN 3-9804597-4-8 **DM 32,—**

Paul Kurtz
Leben ohne Religion - Eupraxophie
Paul Kurtz hat mit Eupraxophie ein neues Wort eingeführt, um den Humanismus zu beschreiben. Es setzt sich aus den griechischen Wurzeln eu- (gut), praxis (Handlung, Führung) und sophie (Weisheit) zusammensetzt und bedeutet: „gute Führung und Weisheit im Leben". Eupraxophie stützt sich auf die Fachgebiete der Wissenschaft, Philosophie und Ethik. Sie drückt mehr als eine intellektuelle Haltung zur Natur des Universums aus. Eine kosmische Weltsicht wird mit einem verantwortungsbewussten Konzept fürs Leben verbunden. Kurtz weist nach, dass der Eupraxoph ein sinnvolles Leben führen und mithelfen kann, eine gerechte Gesellschaft zu schaffen.

162 S., kart., ISBN 3-9802799-4-4 **DM 22,—**

Paul Kurtz
Verbotene Früchte - Ethik des Humanismus
Auch und gerade ohne Religion ist es möglich, ein sinnvolles Leben zu führen und moralisch verantwortlich zu handeln. Die Geschichte hat gezeigt, daß der Glaube an einen Gott keine Garantie moralischer Tugenden ist. Wenn wir die Fesseln der theistischen Illusion zerreißen, können wir eine rationale Ethik entwickeln, die auf einem Bewußtsein moralischer Anständigkeit basiert, die allen Menschen zu eigen ist. Um uns im positiven Sinne weiterzuentwickeln, müssen wir von den „verbotenen Früchten" vom Baum der Erkenntnis essen.

369 S., kart., ISBN 3-9804597-8-0 **DM 36,—**

Wendell W. Watters
Tödliche Lehre
Was auch immer gläubige Kirchgänger anstellen, um sich von ihrer Schuld reinzuwaschen, es hat keinen Zweck, sie bleiben Sünder! Watters' Fazit: „Schade, die armen Christen!" Seine spannende Analyse der psychischen Schäden, die die „tödliche Lehre" in ihren Anhängern anrichtet, liegt erstmals in deutscher Sprache vor.

311 S., kart., ISBN 3-9802799-9-5 **DM 32,—**

Rainer Schepper
Das ist Christentum
Informationen aus 2000 Jahren Geschichte - Das Kirchenjahr in 2471 historischen Daten (30. März 315 - 30. Juni 1998)
Es handelt sich um ein Kalendarium des Martyriums, jedoch als grausige Kehrseite des Heiligenkalenders der katholischen Kirche. 1526 Opfer der Menschenvernichtung des Christentums werden namentlich genannt und mit konkreten Daten nachgewiesen: eine umfangreiche, übersichtliche Dokumentation der Verbrechen der angeblich irrtumslosen Kirche an vermeintlichen Zauberern und Hexen. Dem werden Lebensdaten und Werk fortschrittlicher Denker und Naturwissenschaftler gegenübergestellt.

614 S., kart., ISBN 3-933037-11-5 **DM 69,80**

Theo Logisch
Das ist euer Glaube!
Strukturen des Bösen im Dogma
Eine Streitschrift gegen Fundamentalisten, progressive und laue Christen
Hier tun sich Abgründe auf, wovor dem Leser bisher vielleicht Halbwissen, Auswendiggelerntes, fromme Fiktion und Desinteresse den Blick verstellt haben. Nicht, was die Kirche tut, sondern warum sie es aufgrund ihrer eigenen Lehren tun muß, ist Thema dieses Buches. Nicht die vielen Greueltaten der Kirchengeschichte, sondern die Triebfedern, die dahinter stecken, werden aufgezeigt. Eine Analyse, die in ihrer Klarheit besticht und dennoch so manchen Leser ungläubig staunen lassen wird.

456 S., kart., ISBN 3-933037-01-8   **DM 39,80**

Kurt Kauter
Ein Grabmal für Zeus
Der Autor geht doppelt vom Leben aus: Vom ergründend durchdachten widersprüchlichen Leben vergangener Völker, ihren menschlichen Entwicklungen und weltanschaulichen Denkweisen, und zugleich von seinem eigenen Leben, seiner Gläubigkeit, seinen Zweifeln, seinen vielen Fragen, von unsicheren, aber immer sicherer werdenden Antworten, die die eigene geistige Entwicklung kennzeichnen. Und alle diese Erkenntnisse münden in neue Fragen an sich und den Leser. Einem roten Faden gleich zieht sich durch das Buch der Gedanke, daß alle Götter Geschöpfe menschlichen Denkens sind, Spiegelbilder der jeweiligen gesellschaftlichen Verhältnisse.

199 S., kart., 4 Fotos, ISBN 3-9804597-5-6   **DM 23,80**

Helmut Steuerwald
Kritische Geschichte der Religionen und freien Weltanschauungen
Eine Einführung
Endlich ein Buch, das die Religionsgeschichte aus nichtchristlicher Sicht betrachtet! Fast alle Darstellungen zur Geschichte der Religionen sind bisher von Kirchenleuten herausgegeben worden und vertreten christliche Standpunkte. Ein kleiner allgemeinverständlicher Beitrag möchte dieses Buch sein, das religiöse, aber auch kulturpolitische Zusammenhänge aufzeigt. Das Christentum wird dabei besonders kritisch behandelt, weil es weltweit die meisten Anhänger hat. Der Autor geht auch kritisch auf die verschiedenen Sondergemeinschaften und die religiöse Situation der Gegenwart ein. Darüber hinaus behandelt das Werk die Entwicklung des freien Denkens und der freien Weltanschauungen.

653 S., kart., ISBN 3-933037-08-5   **DM 69,90**

Lothar Brandes
Die Erfindung des Bewußtseins -
Glanz und Elend der Vorurteile
Geist und neuronale Strukturen im Gehirn bedingen einander. Der Begriff der Seele ist damit revisionsbedürftig geworden. Der Autor unternimmt den Versuch der Beschreibung einer Neurophilosophie.

399 S., kart., ISBN 3-9804597-0-5   **DM 36,—**

Kriemhild Klie-Riedel
Es könnte alles so schön sein!
Tragikomisches in Fotos und Versen
Dieses Buch ist für all diejenigen gedacht, die es satthaben, immer nur mit der Unmenschlichkeit der Welt konfrontiert zu werden. Es spiegelt zwar auch keine heile Welt wider, doch der tägliche Seufzer: „Es könnte alles so schön sein!" dramatisiert das wenig Schöne an ihr auch nicht, sondern läßt hoffen, daß es keinesfalls so bleiben muß wie es ist. Mit originellen Schnappschüssen.

152 S., kart., ISBN 3-9804597-1-3   **DM 25,80**